왜
프로처럼 스윙하면 몸을 다칠까?

왜
프로처럼 스윙하면 몸을 다칠까?

부상 없이 타수 줄이는 골프 처방전

김응수 지음
(정형외과전문의, 광명새움병원 원장)

귀하의
건강과 싱글을
위하여!

_____ 님께

_____ 드림

년   월   일

시작하며

다치지 않는 골프, 다 치지 않는 골프

골프는 고독한 스포츠다. 남과 겉으로 밀치며 싸우지 않지만 자신과의 싸움은 더욱 치열하다. 감정과 근육을 컨트롤 하면서 막대기 끝에 달린 쇳덩어리에 혼을 싣는다. 조그맣고 귀여운 공 하나를 모질게도 때려댄다. 좀 더 멀리 보내겠다고 멀쩡한 어른들이 매일 '닭장' 속에 들어가 땀을 흘린다. 몇 미터 차이의 비거리에 자존심과 존엄이 삐걱댄다.

골프는 충돌의 스포츠다. 힘 세다고 그 힘이 제대로 공에 전달되지 않는다. 뻐딱하게 서서 매우 부자연스러운 자세로 매우 자연스럽게 휘둘러야 하니 이해의 충돌이 일어난다. 공을 맞추는 찰나에 쓸어치니 밀어치니 별의별 간섭이 많다. 0.2초가 20분이라도 되는양 오만가지 번뇌와 홀로 싸워야 한다.

　골프는 역설의 스포츠다. 힘을 죄다 빼면서 강하게 쳐야 한다. 그립은 단단하게 잡으면서 힘들어가지 않고 부드럽게 쳐야 한다. 하체는 단단하고 밸런스가 맞아야 하면서도 체중 이동이 자연스럽게 되어야 한다. 이 모든 것이 '코끼리를 냉장고에 넣으라'는 말처럼 심란하게 들린다.

　골프는 폭력적인 스포츠다. 정적으로 보이지만 상당히 난폭한 운동이다. 클럽을 휘두르는 것 자체가 주변 사람들을 크게 다치게 하거나 실제 싸움의 도구로 사용되는 일도 있다. 적절치 못한 동반자와 라운드를 즐긴 일로 구설수에 오르거나 폭력을 부른다. 타이거 우즈가 전 부인과의 다툼에서 부상을 입은 도구도 골프클럽이었다.

　골프는 스트레스 그 자체다. 티에 올려진 공을 응시하는 것 자체가 몸과 마음에 상당한 스트레스를 유발하고 심장에 부담을 준다. 친 공이 오비(OB, Out of Bounds)가 나거나 긴 러프에 빠지면 골퍼의 마음은 멍이 든다. 작은 공을 엄청난 스피드로 때리는 것이 마음이 아파 차마 눈 뜨고 못 보는 사람조차 있다.

　종합해보면 골프는 도를 닦는 과정과 흡사하다. 화두를 정하고 스윙 연습을 하다가 어느날 문득 '아. 그 프로가 하던 이야기가 바로 이것이구나' 하는 깨달음이 다가온다. 깨달음이 왔다고 타수가 금세 줄어드는 게 아니다. 깨달았다는 기쁨을 채 누리기도 전에 새로운 번뇌가 찾아오고 다른 데서 여지없이 문제가 발생한다. 깨달음이 몸에 배는 데 3년 걸린 다는 이야기도 있다. 깨달음의 기쁨이 백 번쯤 와야 싱글의 경지에 도달할 수 있다고 한다.

몸을 서로 부딪히지 않기에 골프는 정적인 스포츠다. 유산소 운동도 아닌 것이, 근육저항 운동도 아닌 것이, 요상한 스포츠다. 제법 잘 치기 위해서는 어떤 스포츠보다 많은 연습이 필요한데도 체중이 줄기는커녕 오히려 지방이 축적되기도 한다. 넉넉한 풍채를 과시하며 허리와 엉덩이에 타이어 두께의 뱃살을 자랑하는 상위 프로 골퍼들도 있다.

골프를 통한 체중 조절은 쉬워보이지 않지만 실제로 18홀을 돌면 약 1,000 킬로칼로리의 에너지를 쓰게 되고 이는 10킬로미터 정도를 달리는 것에 맞먹는다. 칼로리 소모면에서 상당히 좋은 운동임에 틀림없다.

전세계 골프 인구는 6천만명 정도로 추산되고 이중 절반인 3천만명이 미국인이다. 우리나라도 골프를 즐기는 인구는 숫자상으로 세계 4~5위권에 해당할 정도로 많다. 골프는 특히 나이든 사람들에게 적합한 운동으로 여겨진다. 나이가 들수록 근육을 쓰고 걷는 운동이 중요한데 골프는 근육을 유지하는 데 적절한 운동량을 제공한다.

골프스윙을 '적절히 부드럽게 한다'면 몸에 많은 부담을 주지 않는다. 생체역학적(biomechanical) 분석을 통해 보면 골프스윙 시에 상당히 많은 관절이 다양한 각도로 꺾이며 조화롭게 작동하고 여러 근육들이 매우 빠른 스피드로 움직이게 된다.

 골프를 운동으로 취급하지 않는 사람들도 있지만 사실은 육체적으로 매우 힘들고 부하가 많이 걸리는 운동 중 하나다. 골프도 다른 스포츠 못지않게 다양하고 빈도도 높은 여러 부상들을 몰고온다. 무거운 클럽을 시속 100킬로미터가 넘는 속도로 0.2초 내에 휘두르니 안 다치기도 쉽지 않다. 약 2년 동안 골프를 즐긴다고 했을 때 아마추어든 프로든 부상률은 거의 50퍼센트에 달한다.

 골프를 하면 그중 절반은 몸 어디 한 군데 이상 다친다고 봐야 한다. 최근 보고에 의하면 골프는 축구, 농구보다는 낮지만 럭비나 하키, 야구 등보다 부상률이 높은 무서운 운동 중의 하나다. 골프에 의한 부상은 아마추어와 프로가 조금씩 다르고 심지어 남녀의 차이도 있다. 이 책에서는 주로 아마추어들에게 발생하는 부상과 손상을 언급하고 이를 극복하고 골프를 즐길 수 있는 팁을 주고자 한다.

 수술까지 했던 타이거 우즈와 마찬가지로 아마추어들에게도 역시 가장 많은 문제는 허리다. 요통은 가벼운 만성통증부터 수술적 치료가 필요한 경우도 드물지 않다. 팔꿈치(엘보) 문제 또한 허리에 버금갈 정도로 많은 골퍼들을 괴롭힌다. 손과 손목, 어깨 등 상지(upper extremity, 어깨와 손목 사이의 부분)에 그 다음으로 부상이 많이 발생한다. 무릎, 고관절이나 발목 등 하지(lower extremity, 대퇴, 무릎, 정강이와 발)는 상대적으로 빈도가 낮지만 결코 무시할 수 없다.

나는 이 책을 통해 골퍼가 겪는 부상에 대한 예방 및 치료부터 스코어 향상법까지 아마추어에 포커스를 맞춰 얘기할 것이다. 다행히 대부분의 골프스윙에 대한 스포츠학은 정형외과적인 부상을 줄이는 개념과 크게 다르지 않다. 두 가지 개념이 충돌하는 경우에는 의학적인 관점에서 좀 더 부상을 줄이는 스윙에 중점을 두고 설명했다.

이 책은 기존 골프 이론과 교과서적인 내용을 부정하는 책이 아니다(물론 저자는 그럴 능력도 없다). 기본을 충실히 지키는 것이 타수를 줄이는 지름길이며 부상을 예방하는 방법이기도 하다. 문제는 핸디캡이 개선될수록 부상으로 고생하는 빈도는 늘어난다는 것이다. 연습 말고는 골프 잘 치는 방법은 없다. 연습을 많이 할수록 근육과 인대를 더 많이 쓰게 되고 그로 인한 손상이 많아지는 법이다. 아무 지식 없이 맨날 애먼 공만 두드려팬다고 깨달음에 도달하는 것도 아니다. 그래서 더욱 부상에 대한 지식이 필요하다.

백돌이 탈출에 들이는 시간을 아끼면서도 부상까지 줄이는 방법은 분명히 있다. 근골격신경계를 다루는 정형외과적 의학지식과 백돌이의 아픔을 극복하고 안정된 타수를 이룩하면서 기록한, 피 같은 실전을 담았다. 아무쪼록 이 책을 통해 다 같이 다치는 일 없이 오래 골프를 즐겼으면 좋겠다.

김응수

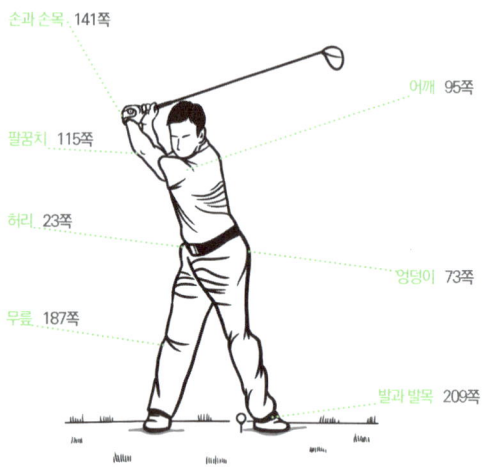

차례

1장 - 허리 다치지 않는 골프

골프 최대의 골칫거리, 허리	23
허리 손상의 기전 - 압박력, 회전력, 구부러짐	25
엉덩이는 적당히 빼자	29
백스윙을 줄여라	31
백스윙 시 오른쪽 무릎을 살짝 펴라	34
백스윙을 천천히~	37
팔로우 스루를 완전히 하면 안 된다(?)	38
백스윙을 천천히, 제발!	40
흔들거리지 말고 꼬아라	42
머리를 '잘' 들어줄 것	44
천천히 부드러워야 한다	47
발목과 발바닥에 집중하라	47
체중 쏠림을 줄여라	49
체중이동에 대한 팁 3가지	51
머리와 척추가 만드는 축	53

스윙을 위한 작용 반작용의 법칙	54
배치기 말고 배꼽치기 하라	56
왼쪽 어깨 들지 말라	59
척추각 유지(?)도 배꼽으로	60
머리는 가슴으로 잡아준다	61
사이드 밴딩, 척추는 통나무가 아니다	62
결국은 힘 빼기	63
누가 내 머리에 똥 쌌어?	64
허리 아픈 사람은 박인비 스윙이 최고다	66
디스크도 아끼고 타수도 줄이는 법	68

2장 - 엉덩이 다치지 않는 골프

생각보다 고생이 많은 엉덩이	73
골퍼 엉덩이 손상의 메커니즘	73
대전자부 점액낭 염증	75
고관절 비구순 파열	77
엉덩이 과사용부터 줄여라	80
엉덩이로 왼쪽 벽을 만들어라	82
엉덩이로 채찍질하라	82
왼쪽 벽만? 오른쪽 벽도 만들어라	85
엉덩이 통증을 줄이는 연습스윙	86
남자는 스트레칭, 여자는 근육 운동	87
골프와 코어운동	88
엉덩이가 아프면 힙턴 줄이고 상체로 리드하라	91

3장 – 어깨 다치지 않는 골프

불안정하지만 유연한 어깨	95
회전근개와 골프스윙	96
리드하는 어깨가 주로 다친다	99
회전근개 파열과 치료	100
어깨의 충돌 증후군	102
어깨 빠짐: 관절와 상완관절 불안정증	104
어깨 뒤쪽이 당길 때, 후방관절와순의 손상	106
플라이오메트릭과 골프스윙	107
몸통 스윙이 오차도 부상도 줄인다	109
열심히 강화하고 최대한 덜 써야 하는 역설	110

4장 – 팔꿈치 다치지 않는 골프

골퍼에게 가장 핫한 부위, 팔꿈치	115
테니스 엘보가 골퍼를 더 괴롭힌다	117
자주 열심히 하는 중년 골퍼의 팔꿈치	119
우아한 골프스윙의 시작, 포워드 프레스	121
팔꿈치를 완전히 펴야 한다는 환상	122
공은 팔이 아니라 몸통으로 치는 것	124
공을 얼마나 치면 엘보가 생기나	125
팔꿈치 안 다치고 백돌이 탈출	125
엘보를 줄이려면 팔을 가슴에 붙여라	128
팔을 가슴에 붙일 땐 리듬을 타라	129
퍼팅 때도 일관성을 유지하려면	130
의학적 해결책	131

팔꿈치를 살짝 부드럽게 잘 접고 펴라	132
디셈보도 오른쪽 팔꿈치는 자연스럽게 구부린다	134

5장 - 손과 손목 다치지 않는 골프

열심히 하는 골퍼의 손과 손목이 위험하다	141
드퀘벵 증후군을 아십니까	142
손목 손상의 메커니즘	143
손등의 통증, 힘줄염을 줄이는 그립	144
포워드 프레스와 헨릭 스텐손	145
손목 주변 힘줄에 부상을 줄이는 백스윙	147
샬로잉은 리듬을 타고 자연스럽게	149
컵핑은 힘줄의 염증을 부른다	152
손목을 찌르는 아픔: 손목 삼각섬유연골(TFCC) 파열	155
뒤땅을 줄이면 마음도 손목도 다치지 않는다	156
소지구 해머 증후군	160
유구골 고리 골절	162
방아쇠 수지	164
손 아프지 않은 골프 그립으로 타수 줄이기	166
방아쇠 수지를 줄이면서 거리 늘이기	168
헷갈리면 우아하게 잡아라	170
초보에게 최고, 타이거 우즈 그립의 비밀	171
의학적 해결책	173
벤 호건 그립을 잘 잡는데 물집이 잡힌다면	174
오른쪽 검지의 역할이 살아날 때	175
아마추어일수록 피니시 때 똥폼을 잡아라	176
손가락 저림: 수근관 터널 증후군	179
언코킹 잘하기와 해머던지기	181

6장 - 무릎 다치지 않는 골프

골퍼의 무릎	187
무릎 손상의 메커니즘	189
무릎을 보호하면서 타수를 줄이는 방법들	192
전방십자인대 손상	196
반월상 연골판 손상	197
무릎 연골 손상	198
무릎을 빨리 펴야 하나, 천천히 펴야 하나	199
헤드업 방지를 무릎으로	200
골퍼의 무릎에 좋은 운동	201
골퍼의 무릎에 좋은 신발	203

7장 - 발과 발목 주변을 다치지 않는 골프

발목이 발목 잡는 순간	209
발목 보호대와 발목 강화운동	211
발목과 밸런스를 위해 체중이동부터 줄여라	213
디셈보의 일관된 스윙 비결	215
백돌이 탈출하려면 스탠스를 줄여라	216
아킬레스 문제가 아킬레스라면	219
무지외반증과 골프화 고르기	221
새끼발가락이 아픈, 소건막류	223
무지 강직증	225
하이힐의 신경종, 골퍼 발의 신경종	227
중족골통 예방은 발 보호부터	229
골퍼의 발 냄새	231
내 발의 체중이동을 남들이 모르게 하라	233

8장 - 그밖에 다치지 않는 골프

타수 줄여주는 워밍업, 왜들 안 하나?	239
프로들이 보여주는 웨글의 중요성	242
작용 반작용을 이겨내고 퍼팅을 정복하라	243
내적 신호, 외적 신호	246
리듬과 템포를 완성 후 하산하라	247
백스윙 탑에서 우아하게 멈추는 방법	250
뼈도 스트레스 받으면 골절된다	253
태양을 피하고 싶은 골퍼들	254
아마추어 골퍼를 위한 마인드 컨트롤	257
아마추어에게 입스(Yips)는 거의 없다	260
공은 정말 어디로 튈지 모른다	261
카트는 길 따라 다니지 않는다	263

오해하지 마세요

프로의 스윙이 무조건
나쁘다는 얘기가 아닙니다

모두의 몸이 다르듯
모두에게 맞는 스윙법은
없습니다

아마추어인 자신에게 맞는
스윙을 찾아낸다면
다치지 않고
타수까지 줄이는
짜릿한 순간이
당신과 함께할 것입니다

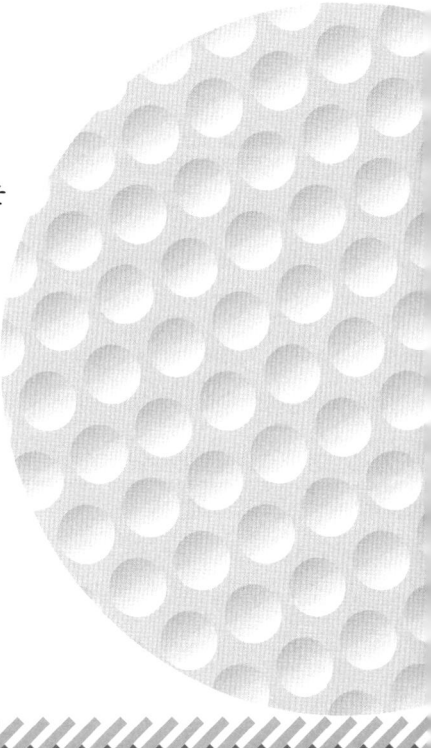

1장 - 허리 다치지 않는 골프

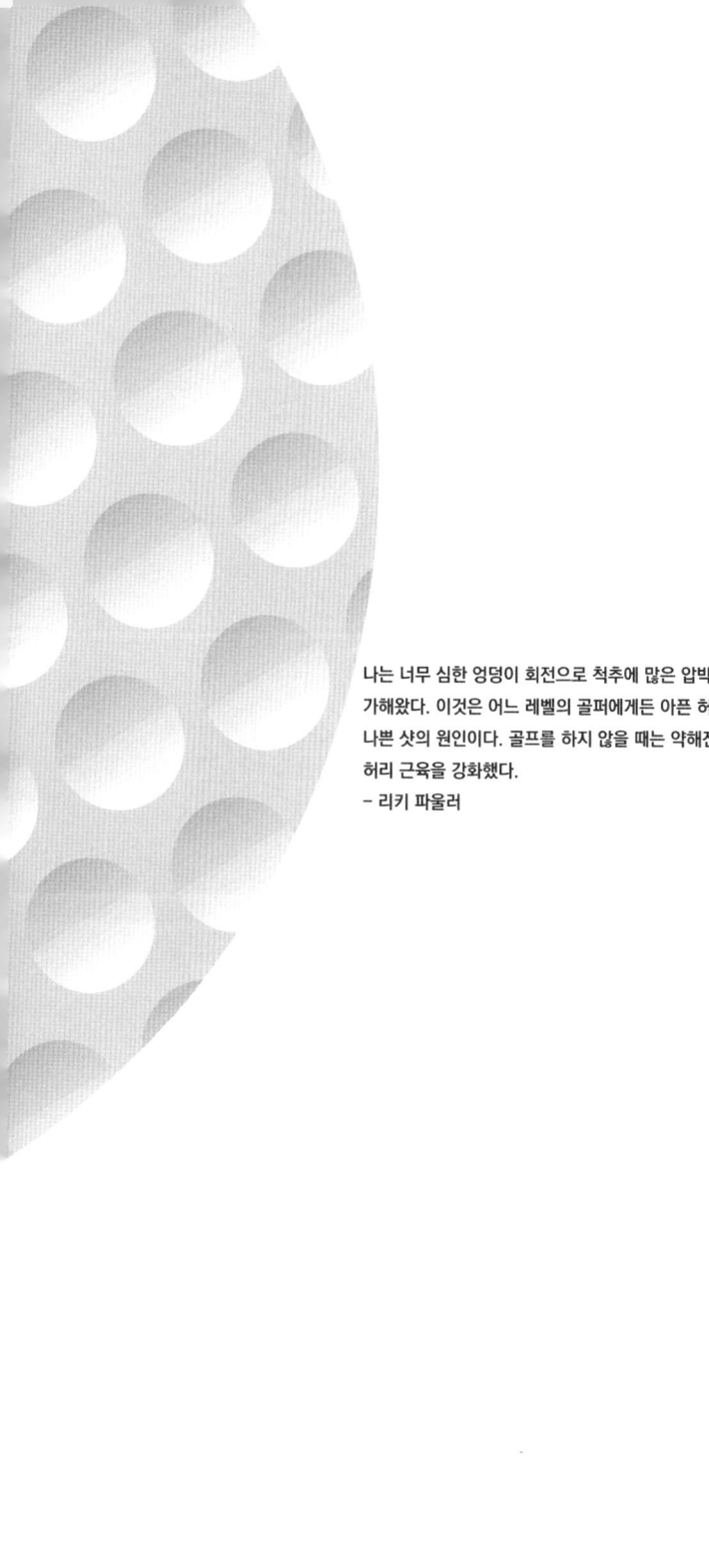

나는 너무 심한 엉덩이 회전으로 척추에 많은 압박을 가해왔다. 이것은 어느 레벨의 골퍼에게든 아픈 허리와 나쁜 샷의 원인이다. 골프를 하지 않을 때는 약해진 허리 근육을 강화했다.
- 리키 파울러

골프 최대의 골칫거리, 허리

골프 연습 좀 해본 사람치고 허리 한번 뻐근하지 않았던 사람이 있을까? 미국 통계에 의하면 적게는 18퍼센트, 많게는 54퍼센트 정도로 요통은 많은 골퍼를 괴롭힌다. 손목 손상이 가장 많다는 일부 보고도 있지만 대부분의 연구에서 나이를 불문하고 아마추어와 프로를 가리지 않는 가히 최고의 문제가 허리 통증이다. 이는 미국이나 우리나라나 크게 다르지 않을 것이다.

인체 조직의 손상은 한순간 아주 강한 에너지가 조직에 가해지면서 발생한다. 별로 크지 않은 힘(force, load)이라도 지속적으로 발생하고 오랜 세월에 걸쳐서 축적이 되면 손상이 일어난다. 메이저리그 강속구 투수들도 몇 년 전성기를 지나 근육 손상이 누적되면 구속이 줄어 제구력에 의존하는 것을 드물지 않게 본다. 가랑비에 옷 젖는다는 이야기다.

골프는 일시적인 큰 충격과 작은 스트레스의 오랜 누적, 이 두 가지 기전이 모두 관여하는 운동이라 손상이 복잡하게 발생한다. 그래서인지 원인과 치료에 대해서도 골프 전문가와 의사들마다 그 진단과 처방이 매우 다른 것이 현실이다.

프로와 아마추어는 부상의 발생 원인이 좀 다르다. 프로는 과도한 스윙과 많은 운동량으로 허리에 부담이 되어 부상이 일어난다. 아마추어는 잘못된 스윙 메카닉스로 인해 근육 등에 무리가 가거나 조직이 손상되는 일이 많다. 태생적으로 어느 스포츠보다도 척추 쪽의 긴장과 스트레스를 많이 유발하는 것이 골프다. 그렇다고 너무 비관할 필요는 없다.

대부분의 아마추어에게 허리 통증은 주변 근육과 인대 등에 가해지는 과도하거나 지속적인 자극에 의한 통증이다. 단순하게 연습량을 적절히 조절하면서 간단한 물리치료 등을 같이 해주면 낫는 경우가 많다. 쉽게 말해 좀 쉬면 낫는다는 얘기다. 그럼에도 요통으로 고통받는 사람들이 많은 것을 보면 적절히 쉰다는 것이 그리 쉽지 않은 듯하다.

제대로 쉬었다고 해도 다시 골프를 할 때 부상 당시의 원인을 무시하고 클럽을 막무가내로 휘두른다면 다시 통증이 생기지 않을 이유가 없다. 통증이 가라앉자마자 골프클럽을 바로 잡으면 안 된다. 그 원인을 알고 주변 약한 근육을 강화한다든가 스윙 폼을 교정한다든가 적절한 처방을 받고나서 다시 클럽을 휘둘러야 한다.

어릴 적 천재성을 발휘해 기대를 모았던 많은 유망주들을 사라져가게 만든 원인이 허리인 경우가 많았다. 이미 PGA에서 맹활약하는 정상급 프로들이라고 허리 문제를 초월한 것은 아니다. 타이거 우즈를 가장 오랜 기간 괴롭힌 것은 사생활 문제나 스캔들, 약물 의혹보다 허리 통증과 수회에 걸친 허리 수술이다. 타이거뿐만 아니라 제이슨 데이, 저스틴 로즈도 허리 통증으로 골프채를 놓고 수개월 이상을 재활치료에 바쳐야 했다. 그 몸 좋고 파워 스윙으로 유명한 로리 맥길로이도 허리 통증으로 수개월을 투어에서 떠나 있었다. 여러 정상급 골퍼들이 허리 재활뿐 아니라 허리 디스크 치환 수술이나 허리 관절 유합술 등을 경험했다.

허리 손상의 기전 – 압박력, 회전력, 구부러짐

50퍼센트 내외의 골퍼들이 요통에 시달린다. 골프란 그 스윙의 특성상 허리관절에 어느 정도의 무리는 발생한다고 봐야 한다. 골프스윙은 회전력이 많이 걸리기도 하지만 디스크에 수직 압박력도 상당한 부담으로 작용한다. 보통 달리기를 할 때 디스크에 체중의 3배 정도의 압박력(compression force)이 가해진다. 골프스윙은 체중의 8배 이상의 압박력이 디스크에 전달된다. 한번 스윙으로도 디스크가 약간 튀어나올 수 있는(disc bulging) 굉장한 힘이 반복적으로 가해지는 것이다.

아마추어는 스윙을 프로처럼 무시무시하게 돌리지는 못하니 그리 문제가 안 되지 않을까? 천만의 말씀. 오히려 프로들은 스윙 시에 허리근육의 80퍼센트 정도만 사용하는데, 아마추어들은 허리근육 힘의 90퍼센트 이상을 사용한다는 연구도 있다. 프로들이 훌륭한 근육으로 어마어마한 힘을 사용하는 것처럼 보이지만 오히려 자신이 가진 근육량에 비해 힘을 덜 주고 상대적으로 부드럽게 사용한다. 프로의 스윙보다 아마추어의 스윙이 더욱 허리에 무리를 준다는 얘기가 된다. 골프스윙의 숙명적인 허리 부담, 이걸 피할 수는 없는 걸까?

허리에 가해지는 압박력도 부담이지만 가장 문제가 되는 것은 역시 클럽을 돌릴 때 커다란 동그라미를 만들어 원심력이 생기면서 발생하는 회전력이다. 골프 역사가와 전문가들에 따르면 최근 골프스윙은 과거에 비해 몸 회전이 간결해지고 짧아졌다고 한다. 그러면서 속도는 더 빨라지고 주변 근육과 인대에 많은 긴장을 주는 방향으로 발전되어 왔다. 비거리 측면에서는 좋은 일이다. 브루스 캡카나 카메론 챔프는 이제 타이거 우즈보다 공을 수십 야드 더 보낸다. 폭발적인 힘을 순간적으로 공에 가할 수 있어 공을 더 멀리 보내는 것이다. 다만 금속으로 만든 단단한 자동차의 회전 축이라도 그것이 너무 빨리 돌면 휘거나 터져버리고 고장 날 가능성이 있는 것처럼 사람의 척추에서는 두말할 나위가 없다.

허리축의 회전에 가장 많이 관여하는 허리 부분은 제5요추와 제1천추 (L5-S1) 부분이다. 백스윙과 팔로우 스윙 때 가장 많은 회전력이 가해진다. 그 다음으로 회전력이 많이 걸리는 부분은 제4요추와 제5요추 사이이다. 이 부위는 골프를 즐기지 않는 사람에게서 디스크 문제가 가장 많이 생기는 부위다.

나머지 요추 부분은 회전하며 돌아가는 것보다 허리를 구부렸다 폈다 하는 척추의 역할에 더 많이 기여한다. 특히 앞으로 허리를 구부리거나 물건을 들 때 스트레스를 많이 받는다. 오랜 슬럼프 후 화려한 복귀를 한 골프의 전설 타이거 우즈도 이 L5-S1 분절의 문제로 2회 이상의 디스크 조작 및 제거 수술을 받았다. 이후에도 통증이 재발하여 이 분절을 아예 긁어내서 없애버리고 안 움직이도록 붙여버리는 수술을 받았다. 긴 재활 기간을 이겨내고 기어이 복귀를 했다.

사실 스윙할 때 발생하는 회전력만으로 허리를 다치기는 쉽지 않다. 돌면서 옆으로 꺾이거나 밀리면서 구부러짐(bending)이 발생하면서 압박력이 가해지는 것이 가장 문제이다. 허리에 가장 안 좋은 자세를 말하라면 '양반다리 하고 앉아서 고스톱을 치다가 허리를 구부리고 돈이나 화투장을 긁어모을 때'이다. 그럴 때 가장 허리에 무리가 간다.

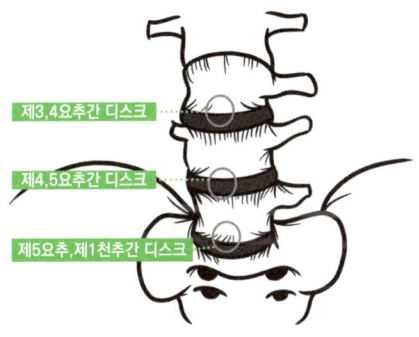

척추를 움직이는 관절로는 앞쪽의 디스크뿐만 아니라 추체 뒤쪽으로 관절이 하나 더 있다. 이는 과도한 회전과 굴곡을 막아주는 역할을 하며 후방관절(facet joint)이라고 한다.

이 관절은 무릎이나 어깨처럼 활액막이라는 부드러운 막으로 둘러싸여 유연한 움직임을 준다. 앞쪽 디스크를 무리하게 꺾으며 압박을 가하거나 허리가 마구 돌아가면서 몸이 꼬여 꽈배기가 되어 망가지지 않도록 심한 움직임과 척추의 이탈을 막아주는 저항 역할도 한다.

후방관절은 몸의 등쪽에 있기 때문에 여기에 문제가 발생하여 통증을 일으키는 것을 가리켜 '골퍼의 등(golfer's back)'이라는 용어로 쓰기도 한다.

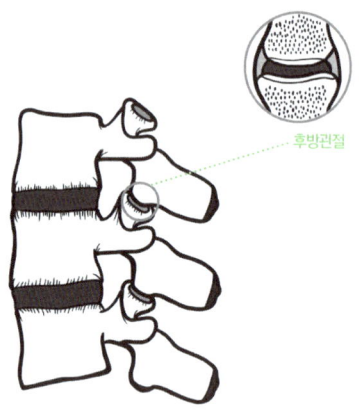

후방관절

후방관절에 과도한 스트레스가 몰려 점차 커지고 두꺼워지면, 척추의 기능을 도와주고 보호해주던 후방관절이 결국 통증과 운동 장애의 원인이 되는 역설적인 상황이 발생한다.

일본의 한 연구에 의하면 척추의 왼쪽보다는 오른쪽에서

(오른손잡이의 경우) 더 많은 통증이 발생했다고 한다. 다른 연구를 보면 다운스윙 때 오른쪽으로 구부리면서 회전을 하기 때문에 오른쪽 부위가 더 눌러지면서 돌게 되고(쉽게 말해 다운스윙 때 오른쪽의 후방관절이 짖이겨지면서) 결국 오른쪽 부위에 전단력(shear force: 압박되면서 뒤틀어지는 힘)이 가해진다. 실제 병원에서 프로 골퍼들의 엑스레이나 MRI 등의 검사를 해봤을 때 오른쪽 부위에 더 많은 관절 변형 또는 관절염 소견이 관찰된다.

요통을 호소하는 선수들을 조사해보면 백스윙 때 왼쪽으로 좀 더 허리가 구부러졌다가 다운스윙 때 심하게 오른쪽으로 허리가 더 구부러진다. 흔히 스윙 시에 척추각을 유지해야 한다는 얘기를 듣게 되는데 그런 일반적인 믿음과 달리 척추각의 변화 없이 반듯한 회전은 쉽지 않다는 방증이다. 실제 프로들의 스윙을 보면 적게든 많게든 약간씩 트위스트되면서 척추각이 구부러지는 것을 볼 수 있다.

엉덩이는 적당히 빼자

척추는 척추체라는 동그란 뼈가 줄지어 길게 쌓여 있고 그 사이 사이는 디스크라는 고도로 분화된 물렁뼈로 구성되어 움직인다. 몸을 앞으로 구부리게 되면 체중의 2배(많게는 3배) 이상의 압력이 이 물렁뼈인 디스크로 몰리게 된다. 앞으로 많이 구부릴수록 디스크에 부담이 늘어난다. 어드레스 자세에서 골반을 자연스럽게 적당히 조금 구부리는 것이 좋다.

골반을 많이 구부리고 엉덩이를 뒤로 쭉 빼면서 허리를 반듯하게 펴면 매력적인 엉덩이를 과시할 수 있을진 몰라도 허리에는 무리가 간다. 허리를 구부리면 앞으로 넘어지지 않도록 균형을 잡기 위해 가슴을 쭉 펴게 되기 때문에 척추를 지지하는 근육에 과도한 긴장을 유발한다. 가슴이나 등에도 무리가 오고 통증이 생길 수 있다.

사실 자신의 자세를 스스로 평가하기란 쉽지 않다. 사진을 찍거나 동영상을 기록해서 주변 고수나 프로에게 자문을 꼭 구해봐야 한다. PGA 일류 프로들도 항상 자신의 자세를 체크하는 스승이 있는데 하물며 아마추어가 이를 게을리해서는 안 된다.

백스윙을 줄여라

로리 맥길로이의 드라이버 샷을 보면 백스윙 때 몸을 엄청나게 뒤로 감았다가 무시무시한 토크로 공을 치는 것을 볼 수 있다. 모든 골퍼의 로망이 아닐 수 없다. 그러나 천하의 맥길로이라 하더라도 매번 샷을 이렇게 척추를 꽈배기처럼 꼬면서 치는 것은 아니다. 맥길로이 또한 허리 통증으로 고생했었다는 것이 주지의 사실이다. 아마추어는 이런 자세를 만들려고 자기 몸에 고문을 가하지 말아야 한다.

그렇다면 어떻게 파워를 만들어내는가? 척추는 적당히 돌리면서 멈추는 대신 왼쪽 팔을 가슴에 적절히 모아주며 붙여야 한다. 엘보를 뻗으면서 왼팔의 윗부분, 즉 상완(upper arm) 부분을 가슴에 밀착시켜야 한다. 이 동작이 몸과 팔을 하나로 만들어준다.

이 자세가 백스윙 탑에서 만들어지고 다운스윙 때도 계속 유지되면서 이 어깨와 가슴으로 회전을 유지하면서 공을 쳐보자. 이 동작으로 척추를 조금 덜 꼬아주면 장점이 하나 더 있다. 보통 척추를 너무 열심히 꼬다보면 시야에서 공이 사라지는 수가 있는데, 이 동작은 그럴 염려없이 눈을 공에 그대로 놔둔 채 백스윙의 탑을 이룰 수 있어 일관성에 더욱 도움이 된다.

목이 돌아가서 시야에서 공이 흔들릴 정도라면 꼬아줌을 멈추고 지그시 상완을 가슴에 붙여준다.

 실제 어느 정도만 척추를 돌려 꼬아주는 동작을 해야 하는지는 한마디로 답하기 어려운 문제다. 어쨌든 척추를 마구 꼬아주다가 결국 목이 돌아가고 얼굴도 돌아가서 시야에서 공이 사라지는 불상사는 없어야 한다. 열심히 백스윙해서 허리를 잔뜩 꼬고 얼굴까지 뒤로 돌아갔다가 다시 내려오면서 눈에서 사라진 공을 다시 찾는 일이 없도록 해야 한다. 그래야 허리에 무리가 덜 가고 임팩트 시 정확도가 높아진다.

 뉴욕의 카이로프랙터, 불불리언(Bulbulian) 등의 연구에 의하면 백스윙을 46.5도 수준으로 줄이더라도 정확도에 큰 차이는 없으면서도 클럽의 속도와 가속도는 줄지 않았다(정확도가 개선되었다는 보고도 있다). 실제로 아마추어는 클럽 스피드나 가속보다는 정확히 맞추는 것이 거리에 영향을 더 미치는 것으로 보아 일정 수준으로 백스윙을 줄일수록 정확도가 높아져 거리도 늘어날 것으로 생각한다.

비거리를 늘리기 위한 비법을 전수하는 프로들의 강의를 들어보면 뒤로 클럽을 많이 빼면서 큰 아크를 만들고 백스윙 탑에서 등짝이 완전히 타깃을 바라보는 식의 풀스윙을 강조한다. 물론 가장 정석이며 맞는 말이다. 풀스윙을 하다보면 공을 클럽헤드의 가운데에 맞추긴 그만큼 더 어려워진다. 아이언 스윙 때도 프로들은 멋진 풀스윙 시범을 보이지만 실제 시합에서 그렇게 풀스윙을 하지는 않는다. 3/4 스윙만 하면서 230~240미터 드라이버를 날리는 아마추어 골퍼들도 많다. 이 정도 거리로 드라이버를 보내면 싱글하는 데 아무런 장애가 없다.

PGA에서 최고의 활약을 보이고 있는 스페인 출신 존람 선수는 최근 비거리가 많이 늘어난 것이 성적 향상의 추진력이 되고 있다. 두꺼운 가슴과 좀 더 넉넉해보이는 뱃살에서 나오는 파워일지도 모른다. 그런데 스윙의 아크는 오히려 작아진 느낌이다. 그립도 약간 위크그립(weak grip)을 잡아서 백스윙 탑이 웬만한 아마추어보다도 낮아보인다. 그럼에도 장타자 더스틴 존슨에 맞먹는 비거리를 보인다. 존람은 다른 선수들처럼 등이 타깃을 향할 정도로 충분히 풀스윙을 하면 편안하지 않고 다른 선수에 비해 유연성이 떨어지는 느낌이라고 토로했다. 3/4 정도의 아크만 사용하면서 왼쪽 손목을 손바닥 쪽으로 많이 꺾어주고 스윙을 부드럽게 하면서도 역동적인 스윙을 선보인다. 이런 스윙을 하는 것이 거의 매번 공을 300야드 가까이 보내면서도 허리에 부담이 훨씬 적다.

아마추어에게 비거리는 백스윙을 완전히 하는 것보다 임팩트 때 정타로 힘을 잘 전달하는 것이 우선이다. 그래야 허리 부상도 줄이면서 타수를 낮출 수 있다. 백스윙을 10도 줄이는 것은 동굴에 몇 달 들어가 마늘만 먹으며 수양하는 것보다 어렵다는 얘기도 있지만 말이다.

백스윙 시 오른쪽 무릎을 살짝 펴라

자타가 인정하는 파워 히터 타이거 우즈나 미셸 위의 스윙 폼을 보면 하체가 단단히 고정되고 그 단단히 고정된 상태에서 허리가 꽈배기로 꼬였다가 스프링 코일이 풀리듯이 무시무시한 파워를 낸다. 슬로우 모션으로 보면 더욱이 단단하게 고정된 하체는 탄성을 자아내는 아름다운 자세가 아닐 수 없다.

그런데 두 선수 모두 허리 통증으로 고생한 것을 보면 오른쪽 무릎을 많이 펴지 않고 고정하는 것이 척추에 과히 좋지 않은 자세임을 추측할 수 있다. 옛날 흑백 필름 시대에 우승한 골프 레전드들의 하체를 타이거 우즈와 비교해보자. 어째 '비실비실 배삼용 씨'를 보는 것처럼 가볍게 덜렁덜렁 흔드는 것처럼 보인다. 타이거에 비해 하체가 부실해보이는 레전드들 중 많은 분들이 허리 통증 없이 나이가 많이 들어서도 골프를 즐겼다. 너무 하체가 흔들려 머리까지 흔들거려도 된다는 얘기는 아니다.

아마추어의 경우 어느 정도 하체를 부드럽게 사용하는 것이 척추 건강에도 좋고 오히려 체중이동도 자연스럽게 된다. 요즘 활약하는 프로 중에, 하체를 부드럽게 쓰는 대표적 골퍼로는 필 미켈슨이 있다. 부드럽고 스트레스가 적은 스윙으로 유명한 미켈슨은 그 흔한 허리 통증이나 부상 없이 투어 프로로서 모범적인 생활을 하고 있다. 딸 졸업식 때문에 큰 시합을 한 번 빼먹은 것을 제외하곤 투어 생활 중 별다른 결석을 하지도 않았다.

사실 필의 스윙은 그닥 멋이 없을 수는 있지만 뒤쪽 다리가 백스윙 시에 조금 헐렁해보이게 많이 펴졌다가 다시 체중이동이 부드럽게 되는 모습을 볼 수 있다. 결단코 타이거 우즈처럼 되고 싶어하는 아마추어가 아니라면 필 미켈슨과 같이 스트레스 없는 자기만의 부드러운 리듬을 만들어야 한다. 잭 니클라우스나 벤 호건 같이 양발을 들었다놨다 하지는 않더라도 오른쪽 무릎을 약간 자연스럽게 해주면 척추에 걸리는 회전 스트레스를 분명히 줄여준다.

여기서의 한 가지 오해는, 그렇지 않아도 거리가 안 나오는데 오른쪽 무릎을 고정하고 몸을 잔뜩 꼬아주지 않으면 파워가 떨어질지 모른다는 생각이다. 이런 착각은 거리 짧은 아마추어에게 큰 불안감을 준다. 이런 불안감을 씻어주는 선수가 바로 최고 장타자 중의 한 명인 버바 왓슨이다. 버바는 허리를 말 근육처럼 단련시킨 타이거 우즈 못지않게 장타자로 유명하다. 그는 로리 맥길로이(역시 말 근육의 소유자)를 고생시켰던 허리 부상 한번 없이, 하체를 보면 개성 있게 춤을 추며 스윙을 한다.

무릎을 너무 펴서는 안 된다. 우측 그림처럼 자연스럽게 약간 펴준다

백스윙을 천천히~

PGA 경기를 시청하면 프로들의 스윙이 너무 눈깜짝할 새에 이루어져 어떻게 쳤는지 잘 모르는 경우가 많다. 공이 핀 옆에 붙으면 그제서야 잘 쳤구나 생각하게 된다. 그나마 LPGA 프로들의 스윙은 조금 보이는 편이다. 아리아 주타누간 같이 누가 볼세라 냅다 휘두르는 골퍼들 빼고는 대개 헤드가 돌아가는 것이 보이면서 매우 우아하게 느껴진다. 언뜻 PGA 프로에 비해 상당히 느리게 치는 것처럼 보인다. 그러나 PGA 프로에 비해 느리고 슬로우모션처럼 보이는 LPGA 프로의 스윙도 사실 아마추어에게는 매우 빠른 스윙이다.

  백스윙을 천천히 한다는 게 말처럼 쉬운 일이 아니다. 일상 생활에서도 무거운 물건은 천천히 옮기는 것보다 잽싸게 힘주며 던져버리는 게 더 쉽다.

  스윙을 제어할 수 있으면서 허리에 회전 스트레스를 줄이려면 백스윙의 처음 시작 30센티미터를 매우 천천히 들어올려야 한다. 그래야 전체적인 리듬도 오히려 좋아지고 밸런스도 향상된다. 천천히 들면 좋은 점 중 하나는 들면서 위치나 자세의 교정을 할 수 있다는 것이다. 가장 큰 장점은 눈에 공이 잘 들어온다는 것이다.

  백스윙을 천천히 하면 본인한테는 시간이 상당히 길게 느껴지고 어색한 순간일 수 있지만 남이 보기에는 0.1초도 차이가 나지 않는 경우가 많다. 이때 아마추어에게 또다시 떠오르는 걱정은 '천천히 스윙하면 그나마 짧은 비거리가 더 짧아지지 않을까' 하는 점이다.

미국 출신 정상급 골퍼 리키 파울러는 더 멀리 보내고 싶을 때 스탠스를 약간 넓게 하고 백스윙을 천천히 한다고 얘기한다. 백스윙을 천천히 하면 공이 더 멀리 간다는 것이다. PGA 골퍼의 스윙은 천천히든 빨리든 아마추어에게 잘 구분도 안 되고 상당히 빨라 보이지만 프로 본인들은 천천히 스윙한다는 기분이 드는 모양이다.

어쨌든 백스윙을 천천히 하면 헤드 무게를 느끼기도 쉽고 백스윙 탑에서 내려올 때 더 부드럽게 내려오면서 그 헤드 무게를 실어서 공을 치게 되므로 더 멀리 보내는 데도 도움이 된다. 아마추어라면 처음에 지루하다는 느낌이 들 정도로 천천히 올리는 것이 척추에 무리도 덜 가고 공의 히팅 능력을 향상시키는 가장 빠른 길이라는 점을 명심해야 한다.

팔로우 스루를 완전히 하면 안 된다(?)

골프를 배우는 사람들에게 프로들은 스윙을 중간에 끊지 말고 끝까지 다 하라는 얘기를 많이 한다. 당연한 말씀이다. 끝까지 휘두르고 멋지게 피니시 동작을 취하는 박성현 선수의 자세는 모든 아마추어의 로망이 아닐 수 없다. 그렇지만 박성현이라고 모든 샷을 풀스윙하는 것은 아니다. 하프스윙이나 3/4 스윙을 할 때도 많다.

그렇다고 공을 임팩트하자마자 멈추라는 얘기는 아니다. 긴 클럽으로 팔로우 스루를 멋지게 하고, 마지막 허리가 180도 꼬인 자세에서 멋진 자세를 취해야만 하는 건 아니라는 얘기다. 거리가 많이 남아서 롱아이언을 잡아야 할 때 특히 힘이 들어가고 쪼루(탑볼)가 나면서 허리를 삐끗하는 경우가 많다. 장타자 버바 왓슨의 스윙을 보면 백스윙이 상당히 오버스럽긴 하지만 팔로우 스루는 하다가 마는 것처럼 약간 엉성하게 끝낸다. 완전히 뒤로 꽈배기가 되어서 멋진 폼으로 끝내야만 멀리보내는 게 아니라는 증거다.

아마추어는 길고 힘을 내야 하는 상황일수록 3/4만 스윙한다는 마음으로 휘둘러야 한다. 그래야 허리에 무리가 안 가고 임팩트도 정확해진다. 오히려 급하게 백스윙 올리고 과하게 힘 주면서 정확히 맞지도 않고 허리에 부담만 가는 위험한 스윙을 줄일 수 있다. 사실 부드럽게 3/4 스윙을 한다고 해도 대부분 풀스윙이 되는 경우가 많다. 허리 아픈 사람은 그런 기분으로 쳐야 허리 부담을 덜고 임팩트도 좋아진다. 팔로우 스루를 끝내고 취하는 자세는 허리를 완전히 꼬아져 있는(프로들이 가끔 보여주는) 자세가 아니라 배와 가슴이 타깃을 바라보는 것이어야 한다. 팔로우 스루의 끝은 앞을 보며 공이 나아가는 방향을 여유있게 바라볼 수 있는 정도면 충분하다. 유연한 박성현 선수처럼 잔뜩 멋있게 끝내려다간 허리 나간다.

백스윙을 천천히, 제발!

단언컨대, 골퍼의 기억력은 금붕어보다 못하다. 영어권에서 뛰어난 기억력에 대해 비유를 드는 동물은 코끼리다. 10년 전 만난 동료를 기억하고 매년 어미가 죽은 곳을 찾아 수십 킬로미터를 걸어가 울기도 한단다. 학생 시절엔 공부가 쳐지면 금붕어 같은 기억력이라고 친구들끼리 놀리기도 했다. 사실 금붕어의 기억력이 수개월을 간다는 게 연구로 밝혀졌지만, 보통 사람들에게는 애니메이션 〈니모를 찾아서〉에 나오는 도리처럼 물고기 기억력이 3초라는 선입견이 있다.

 백스윙 시작에서 팔로우 스루까지 3초 이상 걸리는 경우는 없다. 백스윙을 할 때 다시 내려올 궤적을 기억해야 하는데 다운스윙을 하면서 그새 잊어먹고 이리저리 휘두르는 경우가 많다. 몸 근육의 기억력이 그만큼 떨어지는 모양이다. 백스윙을 천천히 하면 몸의 기억력을 좀 더 오래 끌고갈 수 있다. 좀 더 오래 궤적을 볼 수 있고 천천히 올리면서 몸의 균형도 점검할 수 있다. 잊어먹을까 두려워 백스윙을 빨리하면 그만큼 더 빨리 잊어먹는다. 몸의 기억력을 금붕어보다 늘리기 위해서라도 백스윙을 천천히 해야 한다.

 천천히 스윙하려고 마음먹어도 라운드를 돌다보면 템포가 자꾸 빨라진다. 옆사람 스윙을 보다보면 자연스럽게 자기 스윙 속도를 잊어먹기 쉽다. 타수를 잃으면 조급한 마음에 백스윙이 빨라지는 것도 인지상정이다.

이럴 때 좋은 팁은 클럽헤드를 무거운 쇳덩어리라고 생각하는 것이다. 덤벨이나 투포환이라고 생각한다면 이를 어떻게 빨리 잡아채서 휘두를 생각을 할 것인가? 클럽헤드가 무겁다고 생각하면 오히려 자연스럽게 힘도 덜 들어가게 된다.

떨리는 가슴으로 티박스에 들어선다. 잠시 숨을 고르고 진짜 공을 칠 것처럼 혼신의 힘들 다해 가라스윙, 즉 연습스윙을 2~3회 한다. 대부분의 아마추어가 하는 루틴이다. 이처럼 연습스윙을 빨리하면 임팩트 때 불안정해지고 허리에 부담도 간다. 프로들은 매우, 아주 천천히 연습스윙을 하면서 호흡을 가다듬는다.

연습스윙을 너무 빨리하면 근육에 쓸데없는 힘만 잔뜩 들어가면서도 정작 필요한 힘은 빠져버린다. 리듬도 깨진다. 연습스윙을 2~3회 이상 너무 많이 하면 동반자들의 야유까지 감수해야 한다. 연습스윙은 풀스윙이 아니라 가볍게 하프스윙을 하면서 리듬을 느껴야 한다. 천천히 하면서 그립이나 방향도 점검한다. 느리게 해봐야 공이 클럽헤드에 맞을 때 스퀘어가 되는지 점검할 수 있다. 그래야 진짜 스윙 때 쓸데없는 힘도 덜 들어가고 허리에 무리도 줄일 수 있다.

연습스윙(preshot routine)을 세게 하는 것은 심하게 이야기하면 자해행위다. 여러 가지가 있겠지만 부드럽게 시행하는 프리샷루틴을 소개하면 우선 첫 번째 스윙에서 천천히 몸과 팔의 자세를 인식하면서 천천히 부드럽게 시행한다. 두 번째는 몸의 상태는 잊어버리고 주변 지형물과 어디로 날아

갈지의 궤도를 상상하면서 부드럽게 스윙해본다. 이후 세 번째 공만 열심히 보면서 실제 샷을 하는 것이 허리 건강이나 마음 건강에 좋다.

흔들거리지 말고 꼬아라

앞뒤로 또는 좌우로 흔들거리는 것을 스웨이(sway)라고 하는데 심한 스웨이를 줄여야 한다. 사실 줄이는 게 아니라 하지 말아야 한다. 골프클럽 같은 무거운 것을 들고 척추 축에서 멀어지면서 움직이면 척추에 무리가 간다. 물건을 들 때 몸에서 멀리 떨어져 들어올리며 척추를 구부리거나 꺾으면 어떻게 되나? 물건을 몸에 바짝붙여 드는 것보다 굉장히 많은 부하(load)가 척추체와 디스크에 가해진다.

무거운 물건을 들다가 삐끗하면 근육에 심한 통증을 일으키거나 디스크가 갑자기 터져나와 신경의 마비를 일으킬 수도 있다. 스웨이는 많게든 적게든 근본적으로 무게중심이 척추에서 멀어지는 것이다. 척추에 회전력(rotation)이 가해지는 것도 작은 스트레스가 아닌데 여기에 스웨이까지 추가되면 더욱 많은 부담이 가해질 수 있다.

체중이동에 많은 신경을 쓰다보면 아마추어는 스웨이가 많이 발생할 수밖에 없다. 과도한 체중이동은 줄여야 한다. 효과적인 체중이동을 하면서도 몸이 쓸데없이 많이 움직이는 체중이동이나 스웨이가 발생하지 않도록 중심을 잡아두고 스윙을 해야 한다. 무슨 물체를 앞으로 보내려면 어쩔 수 없이 스웨이가 발생한다. 야구공을 앞으로 던진다고 상상해보면 알 수 있다. 몸을 뒤로 보냈다가 앞으로 던지는 식이다. 어느 정도 스웨이가 되어야 공을 치기 편하다고 느끼는 아마추어들이 많다.

골프스윙은 오른쪽으로 갔다가 왼쪽으로 가는 것이 아니다. 골프는 몸을 꼬았다가 펴주는 것이다. 무거운 클럽을 들고 몸을 꼬면 자연스럽게 몸의 체중이 옆과 뒤로 갔다가 앞으로 전달되는 것이지 상체가 심하게 움직이도록 오른쪽으로 체중을 옮겼다가 왼쪽으로 체중을 던지는 게 아니다.

체중이동을 전혀 하지 말라는 게 아니다. 체중이동은 절대 하고 싶지 않다고 해도 전혀 안 할 수는 없다. 무거운 클럽헤드를 이리저리 휘두르는 데 어찌 체중이동이 안 되겠는가? 다만 신나게 하되, 그 범위는 오른발 안쪽을 넘어가면 안 된다. 오른발과 왼발 사이 좁은 공간에서만 신나게 하는 것이다. 체중이 발을 넘어가면 스웨이가 된다.

아마추어에서 스웨이가 많이 일어나는 이유는 클럽과 몸이 같은 방향으로 움직여야 한다고 착각하는 데서 시작한다. 비슷하게 도는 것 같아도 클럽은 뒤로 나가는 것이고 몸은 그냥 회전하며 도는 것이다. 자신의 몸이 소라나 달팽이라고 생각해보자. 또는 왓슨과 크릭의 DNA 유전자 이중 나선 구조라고 생각해보자. 그 생각으로 몸을 들면서 꼬아보면 스웨이도 줄고 효과적으로 힘을 전달할 수 있다.

머리를 '잘' 들어줄 것

오해하지 말라. 머리 들지 않고 척추의 각도를 잘 유지해서 임팩트를 하는 것이 매우 중요하고, 그래야 정타를 맞출 수 있다는 말은 언제나 정답이다. 임팩트 후에도 공 지나간 자리를 열심히 보고 있는 아마추어들이 많다. 퍼팅할 때는 공을 치고 퍼터가 지나가도 원래 그 자리를 응시하는 게 도움이 될 수 있다. 드라이버 같이 무거운 클럽을 스윙할 때 클럽 헤드는 앞으로 가 있는데 얼굴은 뒤에 계속 남아서 지조를 지키고 있다면 몸의 근육과 척추에는 무리가 간다. 공을 치고나간 다음, 내 눈앞에서 공이 없어진 것을 확인한 후엔 바로 머리를 들어주고 앞을 봐야 한다. 공을 치고나면 머리를 들고 앞으로 걸어나갈듯이 척추를 펴줘야 한다.

어떤 경우엔 피니시 끝까지 척추 각도를 꼬아서 멋진 각도를 유지하는 경우가 있는데 이런 경우 척추에 압박력과 회전력이 가해서 더욱 많은 무리를 준다. 임팩트 후에 멋지게 뿌려주고나서도 척추 각도를 유지해주는 프로들의 멋진 사진을 가끔 본다. 진짜로 그렇게 하는 골퍼들도 있지만 대부분 임팩트 후 아주 잠시 동안이고 클럽이 공을 임팩트한 후 20도 정도의 각도를 지나면 대부분 몸을 일으켜 세우고 앞을 본다.

유연성이 매우 큰 프로들은 몸을 세워 앞을 보는 것을 지나쳐 몸이 뒤까지 보는 듯이 꽈배기가 된다. 어쨌든 공을 맞추고 걸어나가지는 않더라도 임팩트 후에는 빨리 머리를 들고 앞을 봐야 체중이동도 더 잘 되고 척추의 부담도 줄어든다. 치면서 배꼽과 얼굴이 타깃을 바라봐야 방향성도 좋아지게 된다.

천천히 부드러워야 한다

이러나 저러나 부드럽게 쳐야 한다. 하체가 리드하면서 발바닥의 반발력 등이 허리로 전달되면서 여러 근육들 사이에 그 힘이 전해져서 급기야 클럽을 통해 힘이 공에 전달되는 일련의 과정을 겪어야 제대로 임팩트가 이루어진다. 이 과정이 빛의 속도로 이루어지지는 않는다. 근육과 뼈를 통해서 힘이 전달되는 데에는 시간이 걸린다.

타이거 우즈나 브루스 캡카처럼 눈깜짝할 순간에 힘을 전달할 수 있는 사람은 별로 없다. 타이거도 부드럽고 우아하게 스윙하는 경우가 더 많다. 냅다 휘두르는 동영상만 돌아다니니 항상 세게 친다는 오해를 사는 것이다. 오히려 천천히 스윙해서 더 멀리 나가는 신기한 경험이 모든 아마추어들에게 있다. 그것이 신기한 마술이 아니고 과학적으로 힘 전달에 더 유리하고 허리의 부상도 줄이는 방법이 된다. 속도를 20~30퍼센트 줄인다는 마음가짐으로 휘둘러보자. 최근 PGA에서 우승한 임성재 선수의 스윙을 참고하면 좋다. 때로는 백스윙이 아마추어보다 느린듯 느껴질 정도다.

발목과 발바닥에 집중하라

스웨이를 줄이는 방법에 대해서는 여러 프로들이 너무도 많은 방법을 제시하고 있다. 여기 아마추어들에게 좋은 팁을 하나 추가한다. 스웨이가 많고 일관성이 떨어지면 스윙 때 양측 발바닥이나 발꿈치를 의식해보자. 백스윙 때 무거운 클럽을 뒤로 들자마자 왼쪽 발이 들리면 몸은 뒤로 제쳐지고 팔로우 때 앞으로 돌아가고 비틀려 넘어진다. 하얗고 작은 공 하나를 커다란 몽둥이로 아작을 낼 것처럼 힘을 주며 치게 되면 당연히 스웨이를 하게 된다. 백스윙 때 오른쪽 발 전체나 약간 뒤꿈치에 체중이 가게 해보는 것이다.

오른쪽 발 전체에, 또는 약간 뒤에 체중이 가면 회전 축도 이것을 중심으로 돌고 백스윙 시 하체가 옆으로 밀리는 것을 상당히 견제할 수 있다. 장타자들의 스윙을 보면 양쪽 발이 공중부양하듯이 떠서 도는 경우도 본다. 그렇게 보일지라도 백스윙과 다운스윙 때 발이 바닥에서 떨어지는 경우는 거의 없다. 임팩트 후에 발이 왼쪽으로 놀든 춤을 추든 그건 임팩트를 마치고 나서 도는 것이다. 장타자 브루스 캡카의 스윙을 보면 백스윙과 다운스윙 때 양쪽 발이 마치 본드로 바닥에 붙인 것처럼 움직임이 없다. 임팩트 후에는 왼쪽 발이 돌아가고 오른쪽이 떨어지긴 해도 임팩트 전까지는 발을 거의 떼지 않는다.

임팩트 후 팔로우 스루 때에는 왼쪽 발의 뒤꿈치에 체중이 많이 쏠리는 것은 어쩔 수 없다. 그래야 몸이 균형을 잃고 쓰러지는 일이 없으며 그래야 방향성이 좋아진다. 피니시 때 왼쪽 뒤꿈치에 체중이 실리게 되면 그럴듯하고 멋들어져 보이는 이미지를 연출할 수 있다.

체중 쏠림을 줄여라

스웨이를 줄이는 두 번째 방법은 체중이동을 덜 하는 것이다. 체중이동을 더 잘해야 된다는 이야기 일색인데 체중이동을 덜 하라니 일견 우스워보이는 얘기다. 엄밀히 말하면 체중이동을 하지 말라는 얘기가 아니고 쓸데없는 '체중쏠림'을 줄이자는 얘기다.

프로들은 대부분 공을 멀리 효과적으로 보내려면 체중이동을 확실히 해야 한다고 얘기한다. 드라이버를 잡을 때 왼쪽을 완전히 들었다가 다시 놓는 스윙을 권장하는 프로도 있다. 롱드라이버 대회 우승자는 거리를 늘리려면 백스윙 때 왼쪽 발 뒤꿈치를 살짝 들라고 조언하기도 한다. 체중이동을 잘해야 부드럽게 더 멀리 정확하게 칠 수 있다는 데 이의를 달 사람은 없다.

다만 여기서 얘기하고 싶은 것은 체중이동에 충실하려고 백스윙 때 오른쪽 발로 체중을 전부 이동하거나 아예 오른발보다 무게중심이 더 오른쪽 밖으로 나가 체중이 지나치게 쏠리지는 말아야 한다는 것이다. 다운스윙 때 다시 체중을 앞으로 이동해서 옮기려면 스웨이도 많이 되고 힘을 무리하게 주게 되어 허리에 무리가 간다.

체중이동은 해야 한다. 다만 왼쪽 발에도 어느 정도 체중을 남겨야 한다. 왼쪽 발이 떨어지지 않게 하고 왼쪽 발이 지면에 잘 붙어 있다고 상상하고 일부 체중만 백스윙 때 오른쪽으로 가져가야 한다. 그래야 스웨이도 적어지고 다운스윙 때 가져갔던 체중을 앞으로 쉽게 옮겨오고 정확도도 높아진다. 왼쪽 발을 확실하게 떼어주면서 오른쪽 발로 체중이동을 확실하게 해주는 프로 선수도 그 체중이 오른쪽 발보다 더 오른쪽으로 나가는 것은 아니다. 체중의 중심은 체중이동을 조금 하든 많이 하든 오른쪽 발의 중심이나 그 안쪽에 있어야 한다.

아마추어가 백스윙 때 체중을 거의 전부 오른쪽에 가져가면 공을 타격 시에도 체중이 뒤에 남을 확률이 커지고 팔로우 때 몸이 뒤로 제껴지는 엉뚱한 폼이 되기 쉽다. 대개 아마추어가 백스윙을 하면서 무거운 클럽을 뒤로 들다보면 자연스럽게 너무 많은 체중이 오른쪽 다리에 가해지고 몸의 축이 전부 바뀌고 몸은 세워진다. 이를 줄이기 위해서는 아마추어가 백스윙 때 오히려 체중이동을 줄이고 왼쪽 발에 어느 정도 체중을 잡아놓는 스윙을 해야 한다.

체중이동은 앞으로 클럽헤드를 던지면서 팔로우 스루 때 더 많이 해야 한다. 대부분의 아마추어는 거꾸로 한다. 백스윙 때 체중이동을 너무 많이 해서 스웨이 되고 다운스윙 후 공을 치면서 나갈 때 체중이동을 하다 말고 멈춰버린다. 이래서는 거리도 줄고 정확도도 떨어진다.

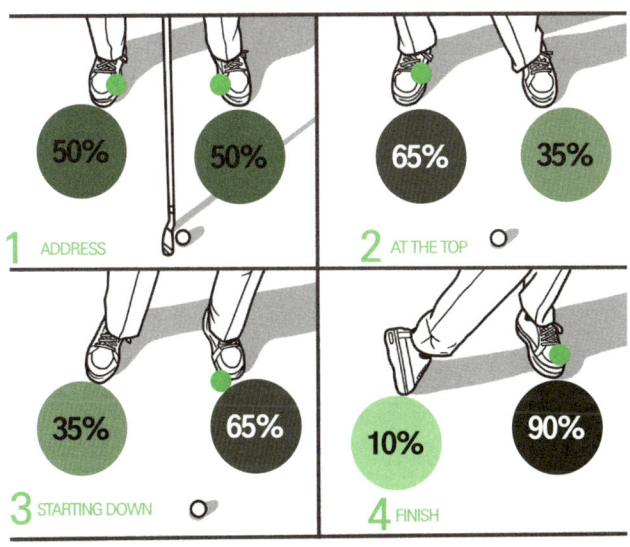

체중이동에 대한 팁 3가지

1. 몸이 흔들리지 않는다는 전제 하에 백스윙 시에 오른쪽 발 뒤꿈치에 체중을 싣고, 클럽이 원하는 백스윙 크기의 3/4 지점 정도에 도달하였을 때 다시 왼쪽 발에 체중이동을 시작한다. 이때 클럽은 비로소 백스윙 탑에 도달하고 이후에 회전한다. 이래야 몸이 여기저기 스웨이되지 않으면서 허리에 부담이 가지 않고 부드럽게 힘이 실리게 된다. 예전 대중가

요 가사 비슷하게 "서울 찍고 부산 찍고 돌고"와 같은 순서로 스윙한다. 서울 대신 오른쪽 발 뒤꿈치, 부산 대신 왼쪽 발이 들어간다고 생각하면 된다. 즉 "오른쪽 발 찍고 왼쪽 발 찍고, 돌리고"의 순서가 된다.

2. 체중이동이 잘 안 될 때 좀 더 효과적으로 할 수 있는 방법을 소개한다. 왼쪽 발에 단단히 체중을 싣는다. 사실 오른쪽 발을 아예 뒤로 빼거나 들어서 스윙 연습을 해보라고 하는 프로들도 있다. 왼쪽 다리를 축으로 회전을 하는 것이므로 오른쪽으로 백스윙할 때 오른쪽 하체에 잠깐 체중을 실었다가 다시 왼쪽으로 돌아와야 한다. 오른쪽으로 완전히 백스윙하고 체중도 오른쪽으로 가서 쉬었다가 오는 게 아니라 왼쪽에 체중은 남겨두고 오른쪽에 잠깐 갔다가 다시 잽싸게, 그러나 너무 서두르지 않으면서 왼쪽으로 와야 한다.

3. 한 가지 더 소개하면, 백스윙 때 오른쪽의 위쪽으로 체중이 갔다가 다운스윙 때 왼쪽의 아래쪽으로 간다는 느낌이 들면 임팩트 때 더욱 체중이 실리고 강하게 공이 날아가게 된다. 좌우 이동, 즉 오른쪽 옆으로 갔다가 다시 왼쪽으로 평행하게 체중이동이 되는 것이 아니다. 오른쪽 위쪽으로 갔다가 왼쪽 아래쪽 사선으로 체중이동이 된다고 생각하면 아마추어에게 그 체중 전달의 느낌을 이해하는 데 많은 도움이 될 것이다. 이렇게 해야 골반이 왼쪽으로 너무 나가서 슬라이스가 나거나 골반과 어깨를 위로 돌려서 탑볼이 나는 것도 막아줄 수 있다.

머리와 척추가 만드는 축

정타(square)를 때려 공이 시원하게 하늘로 날아가지 못하고 공의 머리 부분을 깎아 때려서 바로 앞 근처를 굴러가게 되는 것만큼 짜증나는 일이 있을까? 동반자들의 비웃음 소리가 등 뒤에 비수처럼 박힌다. "괜찮아, 굴러서라도 공이 앞으로 갔어" 따위의 말도 안 되는 위로를 감사하게 받아들이는 골퍼는 세상에 없다.

드라이버로 친 공이 장쾌하게 날아가 오비가 날지언정, 탑핑(topping)이 나면서 레이디 티 근처까지 굴러가는 상황은 누구든 참기 힘들다. 대개 스윙이란 것이 머리와 척추를 중심축으로 해서 주변에 붙어 있는 팔과 클럽이 도는 것이므로 머리와 척추의 축이 움직였기 때문에 그런 결과가 나온다.

골프를 시작할 때부터 가장 많이 듣는 말이 무엇일까? "머리 들지 말라"이다. 머리를 들지 않기 위해서 무엇을 해야 할까? 답은 간단해 보인다. 공을 끝까지 열심히 보는 것이다. 무거운 클럽을 앞뒤로 세게 돌리는데 머리를 안 움직이고 공을 계속 보는 것은 척추와 주변 근육에 여간 고문이 아니다.

스윙 끝까지 공만 보고 있자면 몸도 경직되고 체중이동도 자연스럽게 되지 않는다. 전문가들이 여러 가지 팁을 제안한다. "머리 위에 천장이 있어서 부딪힌다고 생각하고 머리를 들지 않는다", "오른쪽 어깨를 머리 아래로 내려준다", "머리가 들리기 전에 아예 미리 돌려서 공이 가는 것을 바라본다"

라는 조언도 들린다.

어떤 경우든 말이 쉽지 따라하기는 힘들다. 좀 되다가도 조금만 방심하면 다시 허무하게 탑핑이 나면서 클럽을 던져 버리고 싶은 충돌이 일어나게 된다. 아마추어들이 열심히 따라하려 해도 쉽지 않다. 탑핑이 왜 나는지 이해하고 탑핑을 줄이는 방법을 찾아야 한다.

스윙을 위한 작용 반작용의 법칙

야구 배트를 들고 휘둘러보자. 몸이 어떻게 반응하는지 느껴보면서 자연스럽게 휘둘러보면 팔은 앞으로 나가는데 머리는 뒤로 밀리는 것을 느낄 수 있을 것이다. 총을 쏠 때 방아쇠를 당긴다. 공이치기가 총알을 세게 치면 격발이 일어나고 총알은 앞으로 나가지만 총신에는 뒤로 밀려나는 힘이 작용해 몸은 뒤로 쏠린다.

프로야구 선수의 폼을 보아도 마찬가지다. 몸과 머리가 뒤로 밀리면서 공을 최대한 뒤에서 걷어올려 장쾌한 홈런을 만드는 것을 볼 수 있다. 공이 이동하면서 앞에서 날아온다면 상당히 유리한 상황일 수 있다. 정지해 있는 공을 칠 때는 얘기가 다르다. 축대로 그대로 갔다가 최대한 그 축대로 움직여야 서 있는 공을 칠 수 있다. 그래선지 서 있는 골프공 치는 것이 날아오는 야구공 치는 것보다 어렵다고 하는가보다.

가끔 전직 프로야구 레전드들이 참여하는 자선 골프 시합이 TV에 중계되곤 한다. 이를 유심히 보면 좀 의문이 든다. 그렇게 빠른 공을 쳐서 멋지게 홈런을 때리던 선수들이 가만히 있는 공을 치는 데는 왜 스윙이 어색한지 의아해진다. 투수로 활약하고 MLB 명예의 전당에 헌액된 존 슈몰츠 선수처럼 골프공도 멋지게 잘 치는 선수도 있긴 하다. 물론 공을 치는 순간에는 야구나 골프나 머리가 고정되어 있어야 한다는 것은 공통된 것이지만 다른 점이 있다.

야구선수들이 공을 칠 때는 머리를 가능한 뒤로 넘기고 공을 최대한 몸쪽으로 오도록 한 뒤 치게 된다. 이것이 골프선수와의 차이인 것이다. 머리가 뒤로 가면 상대적으로 배트는 짧아지는 효과가 난다. 야구에서 머리가 뒤로 가도 공이 다가오니까 상관 없지만 골프스윙에서 머리가 뒤로 가면 골프클럽은 공에서 멀어지면서 공의 위쪽을 훑고지나가게 되고 탑핑이나 슬라이스가 나게 된다.

한 가지 더 야구선수들의 스윙이 어색한 이유는 손목의 코킹과 언코킹에 있다. 야구선수는 팔과 팔꿈치 손목에 엄청난 힘과 파워를 걸고 손을 꽉 쥐고 거의 순수하게 근육의 힘을 최대한 이용하여 스윙을 한다. 골프는 오히려 힘을 빼야 한다. 어쨌든 골프스윙과 야구스윙은 상당히 다르다.

체중이동이 안 되고 뒤에 체중이 많이 남아 있는 상태에서 공을 치는 야구의 스윙은 골프와 사뭇 다르다.

머리 들지 말라고 강조하면서도 실제로 머리 들지 않는 방법을 가르쳐주는 프로는 많지 않다. 학교 공부처럼 열심히 해야 하는 줄 알고 있지만 열심히 하기가 쉬운 게 아니다. 머리 들지 않는 데 도움이 되는 방법을 소개한다.

배치기 말고 배꼽치기 하라

클럽을 휘두르면서 몸통이 앞으로 나가고 들리고 움직이는데 몸통에 붙어 있는 머리가 무슨 수로 안 들리겠는가? 머리를 들지 않고 머리가 뒤로 밀리지도 않으면서 일관성을 유지하려면 몸통을 먼저 움직이고 몸통이 앞으로 나가야 한다. 체중이동이 먼저 되어야 한다는 얘기다. 팔이 먼저 나가게 되면 머리는 뒤로 쏠리면서 들리게 된다. 그래야 작용반작용의 법칙으로 머리가 뒤로 밀리는 것을 줄여준다. 몸통의 옆구리 근육이나 광배근에 신경을 집중하고 이 근육이 스윙을 주도해야 한다. 가슴이나 흉골(복장뼈) 등의 위치에 집중하고 이를 통해 회전한다고 생각하면 도움이 된다.

몸통의 중심인 배꼽 또는 단전을 기준으로 잡기도 한다. 단전 호흡에서 나오는 단전을 이야기하려는 게 아니다. 단전이라는 단어는 실제 해부학적, 과학적 의미가 있는 게 아니라서 이 말을 쓰는 걸 좋아하지 않는 편이다. 배꼽 아래 부위(소위 단전)을 이용한다는 개념이 명상과 비슷하기도 하다. 선조들이 칼을 휘두르는 무술 연마에도 단전에 집중하면 힘이 덜들면서 중심을 잃지 않고 빠른 칼부림을 보인다는 말에서도 힌트를 얻을 수 있다.

백스윙 시에 광배근(가슴 또는 배꼽, 몸통을 생각해도 좋다)과 등을 돌려 뒤쪽을 보았다가, 공을 칠 때는 광배근이 먼저 돌고 배꼽이나 가슴이 돌아와서 다시 공을 봐야 한다. 이때 주의해야 할 점이 있다. 왼쪽에 체중을 실어야 하는데 왼쪽 발의 무게중심이 흔들리면 배꼽이 딴데로 간다. 왼쪽 발에 힘과 평형감을 유지하고 왼쪽 발이 회전축의 역할을 단단히 해야 한다. 팔에 힘을 빼고 배꼽이 열심히 원래 자리로 와서 공을 임팩트할 때 배꼽이 공을 지나야 한다. 그래야 배꼽을 잡고 있는 몸통과 몸통 끝에 매달려 있는 머리가 안 들린다. 머리가 제자리에 와서 안 들리고 공을 보고 칠 수 있다.

한 가지 더, 배꼽이 가운데 와서 공을 임팩트할 때 살짝 배에 힘을 주자. 이렇게 하면 비거리도 더 늘 수 있다. 물론 유연하기로 유명한 아리아 주타누간 선수나 박성현 선수의 스윙을 보면 공을 임팩트할 때 배꼽과 허리는 이미 저만치 돌아가서 배꼽은 앞을 보고 있는 경우가 많이 있지만 일관성으로 유명한 이민지 선수의 스윙은 배꼽이나 몸통이 팔과 비교적 같이 움직이는 것을 볼 수 있다.

아마추어도 임팩트 때 배꼽 또는 몸통이 공을 보는 느낌으로 친다고 하더라도 임팩트 때 이미 앞으로 나가게 된다. 하지만 배꼽 또는 몸통으로 임팩트를 조절한다는 느낌으로 스윙하면 좀 더 집중력도 생기고 일관성도 늘게 된다. 클럽을 아주 짧게 잡으면서 그립 끝을 아예 배꼽에 대고 스윙을 해보면 이 느낌을 체득하기 쉽다. 아니면 배꼽에서 레이저빔이 나온다고 상상하고 쳐도 좋겠다. 배꼽 또는 단전 스윙의 또 다른 장점은 아마추어들에게서 흔히 보이는 왼쪽의 벽이 무너지고 배꼽으로 치고나가 배가 하늘을 보는 배치기 스윙이 줄어드는 것이다. 아마추어는 공을 눈으로만 보고 손(팔)으로 치는 게 아니고, 배꼽(또는 단전)으로도 보면서 배꼽으로도 쳐야 한다. 머리도 덜 움직이고 일관성도 향상됨을 느낄 것이다.

왼쪽 어깨 들지 말라

박성현 선수나 전인지 선수의 경우 백스윙 시 왼쪽 어깨가 턱밑을 지나 저만치 갔다가 임팩트 후 팔로우 때 왼쪽 어깨가 하늘로 솟는 것처럼 보이는 화려한 스윙을 볼 수 있다. 사실 허리가 유연해서 그렇게 보이는 착시현상이지 어깨가 왼쪽 위로 가면서 춤을 추는 것이 아니다. 아마추어가 따라했다가는 허리에 무리만 가고 배치기를 하거나 탑볼이 난다. 어깨가 들리고 올라가는데 그 위에 앉아 있는 머리가 어찌 안 들리겠는가?

추후 다루겠지만 어깨는 클럽과 같이 위로 올라갔다 내려갔다 하는 것이 아니고 좀 더 평행을 유지해주어야 하는 부위다. 왼쪽 어깨는 뒤로 평행처럼 돌아야 하는 거지 하늘로 치솟는 게 아니다. 어깨가 하늘로 올라가면 왼쪽 옆구리와 척추의 인대의 과도 신전이 발생한다. 반대로 오른쪽 척추는 구부러지고 찌그러지면서 압박력이 디스크에 가해지니 허리 손상 위험이 높아진다. 왼쪽 어깨를 들지 않고 뒤로 돌리면서 백스윙을 하는 것이 머리 안 들고 허리 부담이 적은 스윙의 첫 번째 해결책이 될 수 있다.

척추각 유지(?)도 배꼽으로

"어드레스를 할 때 자세를 취한다. 머리를 들지 않기 위해서 척추각을 그대로 유지하면서 쇠막대기에 팔 꽂힌 허수아비처럼 그대로 백스윙했다가 그대로 내려온다."

이는 해부학적으로 매우 잘못된 상식이다. 사실 척추각을 유지한다는 것 자체에 좀 어폐가 있다. 프로들이 많이 사용하는 척추각이라는 말이 아마추어에게 혼돈을 주고 오해를 일으킨다.

하체를 고정하고 어드레스 때 앞으로 조금 구부정하게 오른쪽으로 약간 틸트(tilt)되는 자세를 취하고나서 상체를 돌리려면 그 자리에서 톱니바퀴처럼 도는 게 아니라 상체는 옆으로 돌아간다. 척추에서 요추부(허리)만 그 자리에서 돌아야 한다. 허리만 돌려주면 상체는 옆과 뒤로 돌아가게 마련이다. 허리 전체를 가만히 통나무로 만들어서 돌리는 게 아니란 말이다. 하체는 스웨이 되지는 않지만 상체는 약간 스웨이되는 셈이다.

하체는 스웨이 되지 말아야 하지만 상체는 약간의 스웨이를 인정해야 한다. 움직이지 말고 그대로 돌아야 하는 부분은 요추부만이다. 이를 위해서 배꼽 근처 단전 부위를 기준(골반뼈를 기준으로 잡는 프로들도 많다)으로 그곳에 정신을 집중하고 살짝 힘을 주고 흔들리지 않게 한다.

일단 배꼽이 좌우로 흔들리지 않게 신경 쓰면서 백스윙을 하라. 배꼽이 돌아가는 것이지 배꼽이 좌우로 흔들리는 것은 아니다. 백스윙 시에 상체는 옆으로 돌아도 좋다. 그걸 인정하고 받아들여야 머리도 안 들고 진정한 척추각이 어색하지 않게 유지되면서 달팽이 같은 꼬임을 만드는 것이다.

머리는 가슴으로 잡아준다

그래도 공을 치면서 머리가 들리고 앞으로 따라나간다면? 최후의 보루는 머리를 가슴으로 잡아주는 것이다. 임팩트할 때 자꾸 머리가 들리고 공을 끝까지 보기 힘들다면 가슴에 머리가 있다고 생각해보자. 임팩트 시에 양쪽 팔을 지긋이 몸통 쪽으로 당기면서 또는 강하게 가슴을 모아주며 가슴으로 공을 바라본다.

가슴이 공을 바라보는데 가슴 위에 붙어 있는 머리가 어디로 가겠는가? 겨드랑이가 모아지면서 임팩트 시에도 힘이 실리고 비거리도 늘어난다. 팔이 가슴에 모아지면 잡아당기는 샷도 잘 못하니 방향성까지 좋아진다. 가슴과 겨드랑이에 힘이 모아지니 손목에도 힘이 덜 들어가서 캐스팅(casting)되어 뒤땅을 치는 일도 줄어들게 된다. 드라이버나 칩샷이나 마찬가지다.

사이드 밴딩, 척추는 통나무가 아니다

척추각에 대한 또 다른 사실 하나는 실제로 스윙 시에 몸통이 좌우로 조금 구부러진다는 것이다. 사이드 밴딩, 즉 좌우로 살짝 구부러지는데 백스윙 시 몸통은 왼쪽으로 살짝 꺾이게 되고 다운스윙 시에는 오른쪽으로 꺾인다. 박성현 선수의 스윙을 보면 다운하면서 멋지게 오른쪽으로 꺾이는 것을 볼 수 있다. 아마추어가 보기에는 마치 오른쪽 옆구리가 으깨질 것 같다. 척추각을 반듯이 너무 유지하려 하다보면 통나무처럼 뻣뻣하고 어색해지고 거리도 안 난다. 척추각을 백스윙 때 왼쪽으로 살짝 구부렸다가 다운스윙 때 오른쪽을 구부려주면 나중에 언급하게될 '샬로잉(shallowing)'도 자연스럽게 이루어질 수 있다.

사무라이가 칼을 휘두를 때 보면 하늘로 번쩍 쳐들었던 칼을 내려치는 동작에서 살짝 비틀어서 낮게 내려온다. 칼을 반듯이 들었다가 똑같이 올라간 길을 따라서 내려오지 않는다. 칼이 아니라 어떤 것을 휘두를 때든 쳐들었던 무기를 자연스럽게 비틀면서 내려와야 그 힘의 전달이 자연스럽게 되는 것이다. 그냥 들었다가 그냥 꼿꼿이 내려오면 오히려 척추와 주변 근육이 경직되고 속도는 느려지고 부담만 간다. 골프클럽이라고 예외는 아닌 것이다.

사무라이가 칼을 휘두를 때도 척추각이 자연스럽게 살짝 깎이며 내려온다.

결국은 힘 빼기

프로들의 오만가지 비법들이 있지만 열심히 공부하고 어느 정도 연습을 하더라도 실전에서는 예상치 못한 실수가 나오게 마련이다. 연습장에서 칼을 갈고 눈을 부릅뜨고 라운드에 임할 때 첫 한두 홀 멋진 샷이 나올 때가 있다. '드디어 골프를 깨달았구나' 하며 의기양양 필드를 걷는 것도 잠시. 또다시 머리가 이리저리 움직이고 황당한 샷이 나오면서 자괴감에 빠진다.

모든 것은 결국 힘을 빼느냐 마느냐에 달렸다. 이제 좀 맞는구나 싶으면 욕심이 생기면서 몸에 힘이 들어간다. 몸 근육에 힘이 걸리면 머리를 안 움직이려 해도 안 움직일 수가 없다. 프로도 힘 빼는 데 3년이 걸린다고 한다. 최대한 클럽을 견고하게 잡으면서도 클럽과 가까운 곳은 힘을 빼고 클럽에서 먼쪽의 몸통으로 공을 치도록 노력하는 수밖에 없다.

누가 내 머리에 똥 쌌어?

나는 골프스윙으로 몸을 꼬는 것을 달팽이가 비비 꼬여 있는 것에 비유하곤 한다. 몸이 빙그르르 돌면서 달팽이나 뱀이 또아리를 틀듯이 몸이 꼬였다가 그 자리에서 풀어주는 것이다. 다만 무거운 클럽을 들고 쏘아야 하는 만큼 체중이 오른쪽으로 쏠렸다가 임팩트 후에 왼쪽으로 쏠리기 때문에 어쩔 수 없이 체중이동이 된다. 몸만 돌면 체중이동이 될 필요 없이 꼬였다가 풀어주면 되지만 물건을 들고 돌리니 몸이 오른쪽으로 갔다 왼쪽으로 갔다 하는 것이고 이렇게 왔다갔다 하는 힘을 이용하기도 하고 너무 심해서 스웨이가 되지 않게 제어해야 하는 것이다.

　체중이동은 해야 하는 게 아니고 그냥 되어야 하는 것이다. 이 또아리를 잘 유지하면서 드라이버를 들어올리면 오른쪽으로 자연스럽게 체중이동이 된다. 이때 체중이 오른쪽 발을 넘어가지 않게 잘 유지하고 잡아두어야 한다. 특히 드라이버 칠 때 뒤로 충분히 드라이버를 끌고나가라고 배운다. 당연히 맞는 얘기인데 몸통의 축까지 옆으로 가면서 끌어가라는 얘기는 아니다. 팔과 상체로 충분히 빼주되 몸은 그냥 달팽이 축을 그대로 유지해야 한다. 몸까지 딸려가면서 체중이 오른쪽으로 쏠려버리면 허리에 전달력은 그만큼 더 심해지고 부상이 올 확률이 높아진다.

어린이들이 읽는 동화, 〈누가 내 머리에 똥 쌌어?〉에 나오는 눈이 나쁜 두더지 머리에 얹혀져 있는 똥 덩어리가 스윙할 때 몸을 틀어주는 골프스윙을 연상시킨다면 무리한 생각일까? 머리 위에 똥을 얹고 범인을 찾아헤매는 두더지처럼 머리 위에 또아리를 튼 똥이 떨어지지 않게 스윙을 해보자. 밸런스를 잡고 회전하는 데 도움이 된다.

허리 아픈 사람은 박인비 스윙이 최고다

프로들의 멋진 드라이버 스윙을 보면 허리가 활처럼 구부러지고 오른쪽 어깨가 잔뜩 내려가면서 멋지게 휘두르는 것처럼 보인다. 몸통과 골반이 먼저 돌면서 어깨가 딸려나가면 어쩔 수 없이 많이 구부러지는 것처럼 보이는 것이다. 이렇게 의식하면서 스윙하게 되면 위에서 언급한 대로 척추의 오른쪽이 으깨지는 압력을 받으면서 허리에 무리가 오기 쉽다. 프로들이 강조하기를, 몸통을 턴하면서 왼쪽 어깨가 턱밑으로 돌아갔다가 척추각을 유지하면서 오른쪽 어깨가 다시 내려와 턱밑으로 와야 한다고 말한다. 당연히 맞는 말이다. 하지만 어깨와 팔의 움직이는 스윙 플레인(swing plane)이 서로 같지가 않고 달라야 한다.

몸의 회전축이 클럽과 같이 간다고 생각하니 허리에 무리가 가고 스윙이 어색해지게 된다. 백스윙 때 클럽이 들어올려지는 플레인과 평행하게 어깨가 뒤로 올라갔다가 클럽이 내려오는 플레인과 평행하게 어깨가 움직이면 안 된다. 오른쪽 허리에 무리만 가고 공만 엎어치고 클럽헤드가 지면과 평행을 이루면서 공에 맞지 않고 찐따가 난다. 어깨 플레인과 클럽헤드 플레인이 같다는 환상을 버려야 한다.

아담 스콧 선수의 스윙과 아담 스콧도 따라한다는 박인비의 스윙을 보면 두 선수의 폼은 어딜 봐도 닮은 데가 별로 없어보인다. 박인비 선수는 어드레스부터 상당히 편안하게 비교적 곧추선(upright) 형태로 자세를 취한다. 다른 선수보다 비교적 서 있는 자세이다보니 스윙 시에 뒤에서 보면 어깨는 거의 평행을 유지하면서 도는 것을 확연히 볼 수 있다. 스윙할 때 팔을 떨어뜨리는 것이지 어깨를 떨어뜨리는 것이 아니다. 어깨가 아래로 가도록 떨어뜨리면 클럽이 스퀘어로 맞기 힘들고 허리에 가해지는 압박 회전력이 심해진다.

아마추어가 따라해야 할 스윙은 아담 스콧보다는 박인비 선수여야 한다. 특히 허리가 아픈 사람은 활처럼 휘어지면서 어깨가 멋지게 춤을 추는 듯한 전인지 선수, 박성현 선수의 스윙을 따라하는 것은 바람직하지 않다. 남자선수로는 이탈리아 최고의 선수 프란체스코 몰리나리가 있다. 비교적 곧게 서서 어깨가 평행하게 움직이고, 2018 라이더컵의 짝꿍 토미 플릿우드처럼 어깨가 내려가고 허리가 활처럼 멋지게 휘지는 않지만 더욱 정교하고 안정적인 샷을 구사한다.

다시 강조하면, 다운스윙 때 오른쪽 어깨가 내려오고 왼쪽이 하늘 높이 올라가는 스윙은 허리에 압박력과 회전력이 더해져 다치기 쉽상이다. 박인비 선수의 백스윙 타이밍이나 어깨 움직임은 최고의 정확도를 자랑하면서 허리에도 가장 좋은 스윙이다.

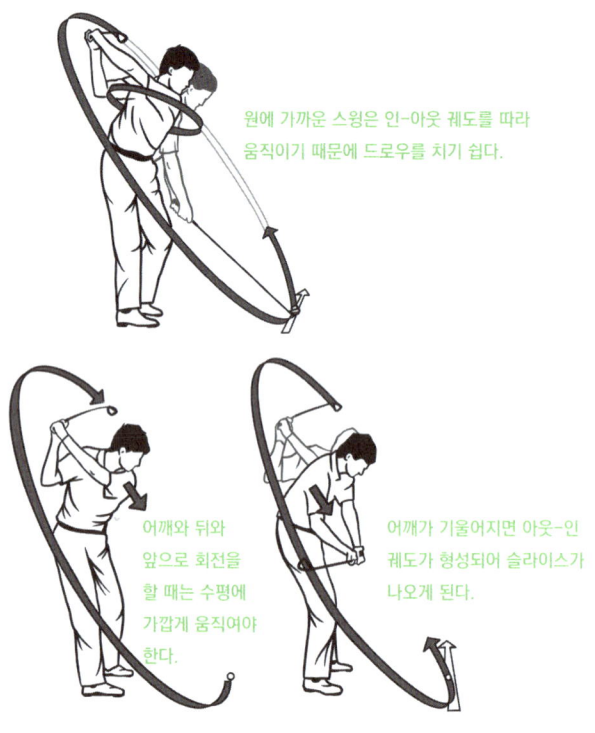

디스크도 아끼고 타수도 줄이는 법

무거운 물건을 들다가 '억'하고 허리를 부여잡거나 쓰러져 119 구급차를 타고 병원에 실려오는 것이 가장 많은 디스크 환자의 시나리오 중에 하나이다. 하인 499명을 둔 프랑스 루이왕이 아니라면 가끔 집에 화분이나 무거운 물건을 들어서 치울 일이 생기게 마련이다. 무거운 물건은 중심점에서 멀어질수록 지렛대 효과 또는 시소 효과로 더욱 무거워지게 마련이다. 그래서 가능하면 몸에 바짝 붙여서 천천히 들어야 한다. 멀리 떨어져 대강 엉거주춤한 자세로 힘 자랑을 하다가 낭패를 볼 수 있다.

골프클럽이 지구의 중력을 벗어나 작동하지 않는 한 스윙을 할 때도 마찬가지 원칙이 작용한다. 클럽을 최대한 몸에 붙여야 한다. 그러라고 클럽 헤드가 샤프트에서 꺾여 있다고 생각한다. 엉성하게 멀리 띄어놓고 치다가 몸에 붙이려면 한참을 어색하다. 너무 붙이다가 중년의 나온 배에 스윙이 방해될까 두렵기도 하다.

개인차가 있겠지만 가능한 한 클럽을 몸에 붙여야 허리에 부담이 덜가고 일관성도 더 생긴다. 표적이 먼 곳보다 가까운데 있는 것이 맞추기 쉬운 것 아닌가. 이런 면에서 클럽을 몸에 가깝게 놓고 몸통과 팔이 떨어지지 않고 일관성이 전혀 손상되지 않게 백스윙하면서 가볍게 채찍을 휘두르는 맷 쿠차의 스윙이 가장 좋은 예가 될 수 있다.

키가 큰 맷 쿠차니까 가볍게 스윙해도 공이 잘 나갈 수 있다고 생각하겠지만 오히려 키가 작은 아마추어라면 더욱 클럽을 약간 짧게 잡고 클럽을 몸에 붙이면서 가볍게 스윙해야 한다. 과감히 붙이면서 힘 빼고 휘둘러보자. 1~2시간 내로 허리에 힘도 덜 들어가면서 어이없게 잘 맞는 신기한 경험이 찾아올 것이다.

2장 - 엉덩이 다치지 않는 골프

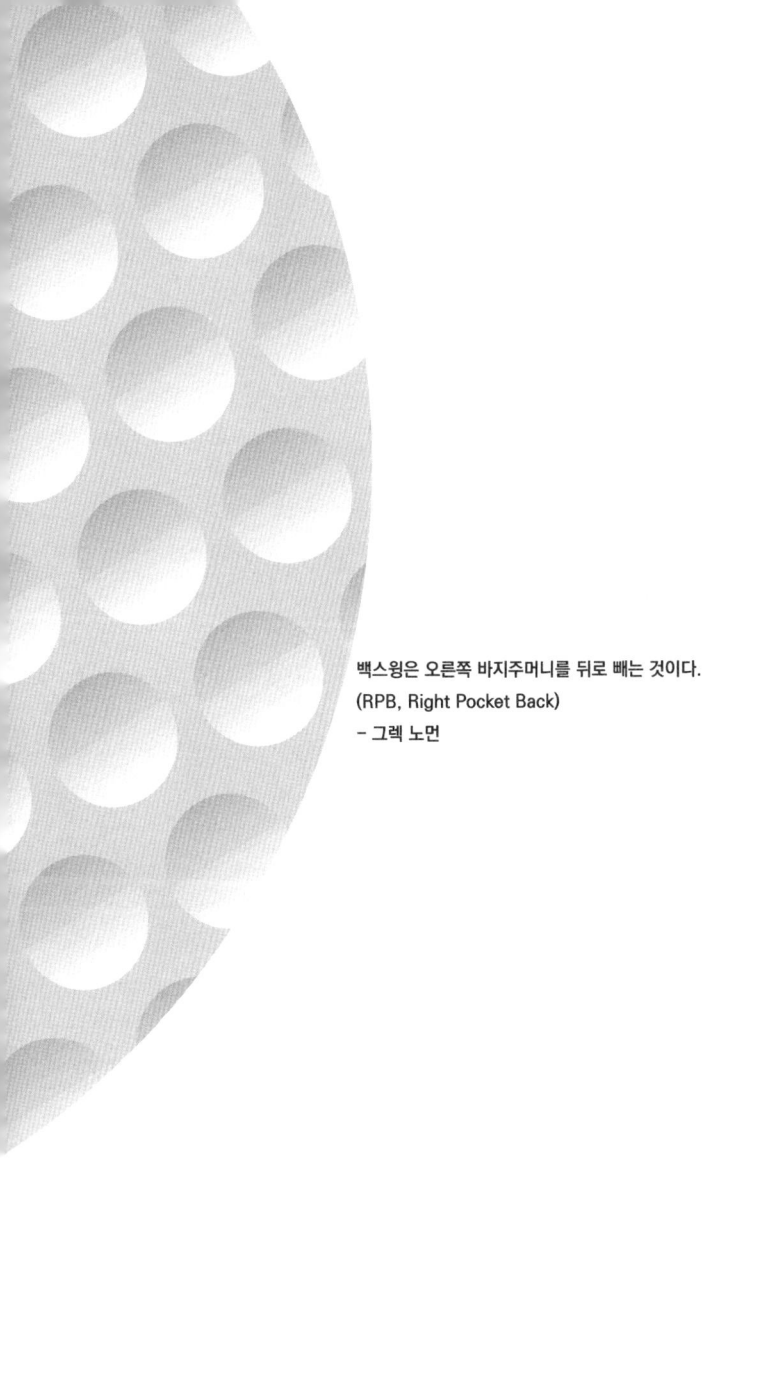

백스윙은 오른쪽 바지주머니를 뒤로 빼는 것이다.
(RPB, Right Pocket Back)
- 그렉 노먼

생각보다 고생이 많은 엉덩이

프로든 아마추어든 신체에서 가장 불룩하게 튀어나온 곳이 바로 엉덩이다. 병상에 오래 누워 있었거나 기아로 고생하거나 학대당한 사람만 아니라면 근육이나 지방 등 살이 가장 많이 붙어 있는 부위다. 엉덩이는 상체와 하체를 이어주는 부위이며 인체의 돛대인 척추를 받쳐주면서 가냘픈 두 다리를 지탱하기 위해서 많은 일을 하는 곳이다.

누워서 하는 동작이 아니라면 엉덩이 근육을 쓰지 않는 스포츠는 없다. 일을 무척 많이 하는 부위지만 보호하는 근육이 두툼해서인지 라운딩할 때 잘 다치는 부위는 아니다. 골프의학에서 그다지 비중을 차지하지는 않지만 한번 문제가 생기면 골퍼들을 상당히 괴롭히는 부위가 엉덩이다.

골퍼 엉덩이 손상의 메커니즘

엉덩이 관절은 한번의 큰 충격보다는 쓰다보면 조금씩 해지고 결국 닳아버려서 문제가 생긴다. 빛나고 단단하던 새 구두를 수년째 신어 너덜너덜하게 해진 것을 자랑(?)하는 유명 인사들이 종종 있는데, 사람마다 정도 차이가 있겠지만 구두처럼 인체의 관절도 점차 세월에 닳아서 주저앉아 갈 수밖에 없다.

여러 연구에서 밝혀진대로 한쪽 방향으로만 클럽을 휘두르는 골퍼에게 백스윙이나 팔로우 스루 시에 회전이 많이 일어나는 곳은 당연히 앞쪽의 엉덩이(오른손잡이라면 왼쪽 엉덩이)다. 잭 니클라우스나 일흔이 돼서도 골프 대회에 열심히 참가하는 톰 왓슨 선수가 관절염으로 고생하다가 인공고관절 치환술을 한 쪽이 모두 왼쪽 엉덩이다.

골프가 아니라도 관절염이 생기게 되면 관절 주위의 근육이나 인대의 유연성이 줄어드는 게 일반적인 초기 현상이다. 허리 아픈 골퍼를 대상으로 한 연구를 보면 엉덩이 바깥쪽 근육이 타이트(tight)하면 고관절의 내회전(안쪽으로 돌아감, internal rotation)이 줄어들어 고관절뿐만 아니라 허리에도 무리가 가게 된다.

닭이 먼저인지 달걀이 먼저인지 알 수 없듯 허리가 아픈 게 엉덩이를 굳게 만드는지 그 반대인지 아직 확실하지 않다. 프로든 아마추어든 고관절의 회전이 잘 안 되고 뻣뻣한 사람이 허리가 아프게 되는 비율이 몇배 이상 높다. 골퍼에게 주로 문제를 일으키는 엉덩이 관절 주변 부위를 해부학적 구조로 살펴본다.

대전자부 점액낭 염증

엉덩이관절(고관절)의 해부학적 구조는 매우 복잡해서 정형외과 레지던트들도 공부할 때 매우 애를 먹는다. 여러 가지 근육들이 겹겹이 다양한 방향으로 지나가고 그 사이사이를 중요한 신경과 혈관들이 어지럽게 난무한다. 여간 골치 아픈 부위가 아니다. 골프 손상에서 통증을 유발하는 부위는 비교적 단순하다. 바지 주머니에 손을 넣어보자. 주머니 속 손을 움직여 앞뒤 좌우로 만져지는 부위에서 주로 통증을 유발한다.

손을 넣어 바깥쪽 약간 뒤로 더듬어보면 뭉툭하게 튀어나온 뼈가 만져진다. 인체의 어느 부위든지 뼈가 튀어나온 부위에는 근육이라는 살점이 붙게 마련이다. 그러라고 뼈가 튀어나와 있는 것이다. 그 부위를 어려운 말로 대전자부(Greater trochanter)라고 하고 이곳에 붙는 여러 근육들이 서로 부비부비하며 쓸데없이 마찰하지 말라고 점액낭(Bursa)이라는 구조물이 미끌미끌 서로를 보호한다.

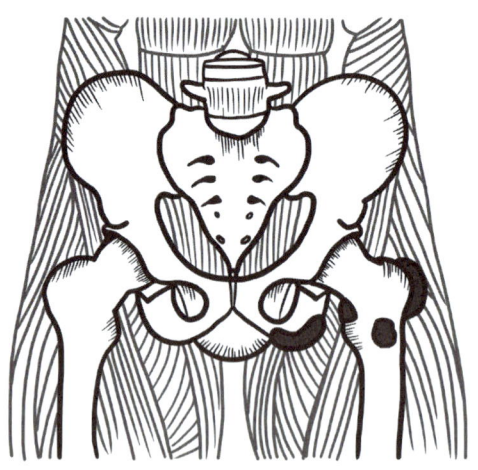

고관절 주변의 점액낭

아이러니하게도 근육을 원활히 움직이게 하고 몸을 보호해주는 이 점액낭이라는 구조물을 과도하게 사용하면 결국 말썽의 원인이 된다.

이 구조물에 염증이 생기면 엉덩이를 움직여 일어서고 구부리고 돌리고 올라가고 내려가는데 상당한 통증과 불편을 유발한다. 부착되는 큰 근육을 움직일 때마다 아프니, 걸음을 절게 되고 낭패감을 일으키며 스윙의 회전을 방해한다. 여기가 아파지면 여기서 연결된 근막이 무릎까지 연결되어 있고 신경도 자극 받아서 마치 무릎이 아픈 것처럼 느껴지기도 한다(연관통, Referred Pain).

점액낭이 아프면 우선 쉬면서 간단한 약물치료 및 물리치료로 빨리 통증을 가라앉혀야 한다. 통증이 가라앉으면 엉덩이와 허벅지 바깥쪽 뻣뻣한 부분을 스트레칭 등으로 풀어주면서 천천히 작은 스윙부터 다시 시작한다. 두툼한 살점이 많은 엉덩이는 조직들을 먹여살리는 혈관들도 풍부해서 비교적 치료가 잘 듣는다. 문제는 우리나라 사람들이 통증을 잘 참는 편이고 아파야 강해진다는 투철한 신념(?)을 가진 사람들이 많다는 점이다. 어지간히 아프지 않으면 통증을 감수하며 드라이버를 백 번 이상 휘두르는 사람들이 많다.

큰 자극은 아니라도 너무 많이(자주) 신체를 사용하는 것을 과사용(overuse)이라고 한다. 과사용 현상이 계속되면 만성적인 병변으로 발전하면서 나중에는 치료에도 잘 반응하지 않고 오랜 기간 괴롭히게 된다. 아픔이 오면 초기에 빠른 치료와 적절한 재활 스트레칭을 하는 게 좋다. 호미로 막을 것을 가래로 막지 말아야 한다.

고관절 비구순 파열

이번에는 주머니에 넣은 손을 몸 중심의 사타구니 쪽으로 움직이면 고관절 관절비구의 앞부분을 만질 수 있다. 관절 자체나 관절 와순(관절을 싸고 있는 입술 모양의 구조) 부위에 문제가 생기면 걸을 때 통증이 오고 가끔 뚝뚝 소리가 나기도 한다. 몸을 움직이다 "악!" 하는 단말마의 비명을 동반한 고통과 함께 관절이 잠겨서 안 움직여지는 경험을 할 수도 있다. 이곳이 골반과 대퇴뼈가 만나는 고관절 부위이다.

사실 고관절은 직접 손으로 만져지지는 않는다. 매우 복잡한 여러 구조물들이 그 주변을 덮고 있기 때문이다. 앞 부위를 만져서 아프다면 단순히 그 주변의 근육에 문제가 있는 것이고 관절 자체의 문제는 아니다. 그 부위 깊은 곳에 관절이 위치하고 그쪽 부위에 통증을 느끼는 것이지만 관절 통증이 있는 특정부위를 직접 만질 수는 없다.

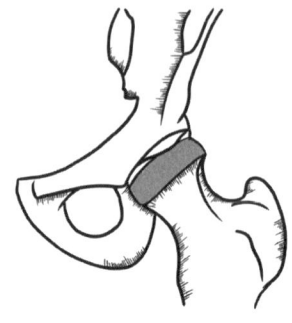

고관절은 골반에 동그랗게 들어간 곳에 대퇴골두가 궁합에 잘 맞게 동그랗게 들어가서 자리잡고 있다. 아주 안정된 구조이다. 그렇더라도 주변에 보강되는 조직이 없으면 누가 잡아당기거나 충격이 가해지면 관절이 빠지며 탈구될 수 있다. 닭다리 뜯어본 사람은 알 것이다. 닭다리가 몸통에서 쉽게 빠지지 않도록 잡고 있는 물렁뼈 같은 연부조직이 있다. 이렇게 고관절을 감싸는 두꺼운 조직이 있는데 이를 관절와순(labrum)이라고 한다. 대퇴골두가 도망 못 가게 꽉 잡고 있는, 입술처럼 생긴 조직이라는 뜻이다. 이곳이 가끔 다치거나 닳아서 너덜너덜해지게 되면 관절을 돌릴 때마다 조직이 끼면서 고통의 비명을 지르게 된다.

골프스윙 시에 고관절은 상당히 빠른 회전력을 받게 된다. 스윙할 때 왼쪽 엉덩이관절은 내회전, 오른쪽 엉덩이는 외회전하게 된다. 여러 연구에 의하면 리드하는 고관절, 즉 오른손잡이의 왼쪽 고관절의 내회전 속도가 오른쪽 고관절이 외회전 속도보다 빠르다. 그래서 왼쪽 고관절의 관절와순이 찢어지거나 관절을 덮고 있는 연골이 손상될 가능성이 더 크다.

사실 일반적으로 관절와순 파열은 관절이 펴지면서(신전) 외측으로 돌 때(외회전) 더 많이 발생하게 되는데 그런 면에서 골퍼의 오른쪽 엉덩이관절이 찢어지는 경우도 많다. 왼쪽 오른쪽 기전은 다르지만 양쪽 다 골퍼에게 문제가 될 수 있다는 얘기다.

관절와순 손상은 한두 번 세게 다쳐서 손상되기보다는 몇 개월 몇 년에 걸쳐서 천천히 찢어지는 경우가 많다. 대개 적절한 휴식과 약물치료, 물리치료 등으로 낫게 되지만 통증이 수개월 이상 지속될 경우는 이미 손상이 많이 진행되어서 수술이 필요할 수도 있다. 최근에는 관절 내시경을 이용한 수술 후에 대부분 별 지장없이 프로 골퍼로 활동하는 데 많은 도움을 준다는 보고들이 많다.

엉덩이 과사용부터 줄여라

엉덩이 근육의 작동은 지렛대에 비유된다. 체중이나 무거운 클럽이 골반 가운데 부위에서 멀리 떨어질수록 지렛대의 힘이 더 많이 필요하고 에너지 소모도 많다. 보행분석 등에서 엉덩이가 좌우 또는 위아래로 많이 흔들리면 비효율적으로 에너지를 사용하게 되고 고관절의 연골에도 부담이 간다. 이것을 줄여야 부상도 줄이고 타수도 줄일 수 있다.

많은 티칭 프로들이 스탠스를 불안하지 않게 넓게 서라고 가르친다. 연습장에 가보면 많은 아마추어들이 다리를 충분하고 넉넉하게 벌리고 공을 친다. 안정되고 좋긴 하지만 스윙하면서 이리저리 스웨이도 커질 수 있다. 몸이 이리갔다 저리갔다 한다. 또한 스탠스를 너무 넓히면 오히려 스윙 스피드가 줄어든다는 보고도 있다.

프로들의 경기를 잘 보면 드라이버를 칠 때도 상당히 스탠스가 좁다. 장타대회에서 볼 수 있는 엉덩이 근육이 터져 나올 정도로 훌륭한 선수들 말고는 왕창 벌리고 치는 선수는 거의 없다. 최고 장타자 저스틴 존슨을 능가하는 최신 장타자 캐머론 챔프의 스윙을 보면 스탠스가 다른 선수보다도 오히려 좁다. 키가 큰 편이긴 해도 다른 선수보다 특출나게 큰 것은 아니다(183cm정도). 장타자이면서도 드라이버 정확도도 평균 이상인 것으로 알려져 있다.

과감히 스탠스를 줄여보자. 단 너무 좁아서 불안하고 흔들릴 정도가 되어서는 안 된다. 처음에는 불안하고 어색할 수 있지만 연습하다보면 오히려 체중이동도 가볍게 잘 되고 무척 회전이 잘 되는 것을 느낄 것이다. 고관절에 무리도 덜 가고 정확도도 높아진다.

다른 부위와 마찬가지로 엉덩이 손상도 과사용(overuse)이 가장 빈도가 높은 원인이다. 똑같은 동작을 반복하면 몸에 무리가 가게 마련이다. 간단한 이두박근 아령 운동을 해도 20~30번 하면 그 근육은 지치게 된다. 잠시 쉬었다가 숨을 고르고 스윙을 하지만 그래도 한 번 연습 때 100~200회 비슷한 동작을 반복하게 되면 여러 근육이 과사용으로 무리가 오게 된다.

무리를 하더라도 적절한 인터벌(interval)을 두면서 근육과 인대 손상의 임계점을 넘지 않게 되면 부상이 안 생긴다. 낮은 강도라도 계속 반복되고 그것이 쌓여서 손상의 임계점을 넘게 되면 병이 난다. 엉덩이 부위는 특히 여러 근육들이 겹겹이 많이 쌓이고 허리와 다리를 이어주는 여러 근육이 교차하는 부위라서 갑작스런 충격에는 오히려 잘 버티지만 낮은 강도라도 과도하게 반복해서 생기는 과사용 손상에는 취약하다.

엉덩이로 왼쪽 벽을 만들어라

티칭 프로들의 흔한 가르침 중의 하나가 다운스윙 때 왼쪽 다리로 체중이동을 하면서 왼쪽 엉덩이를 앞으로 보냄과 동시에 왼쪽이 밀리지 않게 벽을 만들어주라는 것이다. 당연히 옳으신 말씀이지만 아마추어들이 따라하기가 쉽지 않다. 웬만큼 잘 따라하더라도 여차 방심하면 몸이 밀리면서 벽이 무너지고 슬라이스가 난다.

잘 치다가도 슬라이스 한두 번 크게 날리면서 오비를 내게 되면 그 다음부터는 겁부터 나고 몸이 굳어버린다. 왼쪽이 무너지면 엉덩이 관절과 근육에도 과도한 비대칭 근육 수축이 일어나면서 무리가 온다. 프로들은 왼쪽 벽을 멋지게 만들어주면서도 부드럽게 회전하면서 멋진 피니시 동작을 아주 쉽게 만든다. 그러나 쉬운 일이 아니다.

엉덩이로 채찍질하라

왼쪽 다리에 힘이 실리고, 체중이동이 되면서 밀리지 않고, 엉덩이 근육이 아프지 않으려면 어떻게 해야 하는가? 왼쪽 허벅지를 강화하라는 둥 왼쪽 벽이 무너지지 않게 발목 근육을 강화하라는 둥 여러 방법이 제시되지만 열쇠는 엉덩이에 있다.

왼쪽 벽을 잘 만드는 방법은 엉덩이가 왼쪽으로 이동하면서 체중이동을 한 후에 다시 왼쪽 엉덩이로 살짝 앉으면서 뒤로 당기는 것이다. 골프스윙은 회전이다. 앞에서 보면 오른쪽으로 갔던 체중이 왼쪽으로 가면서 공을 치는 좌우 운동으로 보일 수 있으나 주요 모멘텀은 회전이다. 왼쪽 엉덩이가 뒤로 당겨지면 벽이 밀려서 무너지지 않고 회전이 자연스럽게 이루어진다.

로리 맥길로이의 스윙이 대표적이다. 맥길로이는 다부지고 멋진 몸매를 십분 활용하는 예술적 스윙을 한다. 넘사벽이 아닐 수 없다. 아마추어에게 맥길로이 스윙을 따라해야 한다고 하면 우선 쓴웃음부터 나오는 게 현실이다. 그의 스윙을 아마추어가 어찌 범접할 수 있겠는가? 어릴 때부터 신동이었고 엄청난 연습량으로 만들어진 그 스윙은 아무나 따라할 수 있는 것이 아니다. 다만 그의 엉덩이 움직임을 조금 흉내내볼 수는 있다.

드라이버 스윙 때 역동적이고 현란한 스윙을 보면 그저 감탄만 나오고 뭘 따라해야 할지 감이 안 오겠지만, 다른 건 차치하고 그의 엉덩이에만 집중해보자. 다운스윙 때 엉덩이가 왼쪽으로 나가면서 체중이동이 과감하게 되다가 왼쪽 엉덩이가 돌아나오더니 아예 반대쪽 뒤쪽으로 당겨지는 것을 볼 수 있다. 스윙 마지막에는 멋지게 배꼽을 내밀고 스윙을 끝내기는 하지만 그전에 엉덩이는 오히려 반대인 오른쪽으로 살짝 움직인다.

물론 맥길로이 선수가 자기 엉덩이에 신경 쓰면서 스윙하지는 않을 것이다. 벽이 잘 세워지지 않고 슬라이스가 자주 발생하는 아마추어는 엉덩이에 신경을 써볼 필요가 있다. 힘없는 아마추어라도 엉덩이 근육은 그나마 두툼하고 강하다. 엉덩이를 다운스윙과 더불어 이동하다가 살짝 뒤로 채주듯 반대로 움직여줘보라. 아마추어인 당신도 단단하고 멋진 벽을 만들 수 있다. 맥길로이에게는 한참 못 미치겠지만 견고한 피니시 동작은 만들 수 있다.

흔히들 골프채를 채찍처럼 휘둘러야 한다고 얘기한다. 채찍은 제방향으로 휘두르다가 손을 반대방향으로 채주어야 힘을 받고 잘싹 때리게 된다. 진짜 채찍질은 손목을 이용하지만 골프스윙에서는 손목에 힘을 주면 안 된다. 채찍질을 하려면 손에 힘을 빼고 왼쪽 엉덩이를 채찍처럼 잡아채면 스윙에 채찍 효과가 나면서 몸의 회전이 자연스럽게 도는 현상을 맛볼 수 있다. 왼쪽 엉덩이를 돌리다가 반대로 뒤로 땡기는 느낌으로 쳐보자. 대전자부 점액낭염이 있는 환자도 엉덩이가 밀리지 않고 부드럽게 돌아가는 것을 느낄 수 있다.

왼쪽 벽만? 오른쪽 벽도 만들어라

흔히들 백스윙 때 오른쪽 엉덩이를 열심히 돌려준다고 생각한다. 백스윙 때 몸통의 꼬임이 만들어지고 이때 저장된 힘이 클럽을 통해 전달되면서 공이 앞으로 나아가는 것이다. 그런데 오른쪽 엉덩이까지 열심히 돌아가면 대체 몸의 꼬임은 어디서 만들어져서 힘이 축적된다는 말인가? 상체도 돌고 엉덩이도 같이 돌고 엉덩이 아래의 무릎도 돌아버리면 그 꼬임의 끝은 발목 밖에 없다.

 오른쪽 엉덩이는 너무 많이 움직이지 말고 꼬임의 중심이 되어야 한다. 그래야 스웨이도 적어지고 힘이 축적되고, 흔들림이 적어지므로 정확도가 늘어난다. 엉덩이가 꼬이면서 너무 돌아가버리면 다운스윙 때 뒤로 돌아갔던 엉덩이가 앞으로 나오면서 시간도 걸리고, 엉덩이를 앞으로 끌어오려고 힘을 쓰다보면 배치기가 되기 십상이다.

 오른쪽 엉덩이를 잡아줘도 상체가 돌면 자연스럽게 조금

은 돌아가게 마련이다. 엉덩이를 능동적으로 뒤로 열심히 돌려대면 힘의 축적도 되지 않을 뿐더러 스웨이가 되면서 다운스윙을 망쳐버릴 수 있다. 골프는 춤이 아니다. 엉덩이는 그대로 좀 남겨두면서 백스윙 때 힘이 모이는 것을 느껴야 한다. 왼쪽만 벽을 쌓는 게 아니다. 오른쪽도 엉덩이 벽을 쌓아야 한다.

엉덩이 통증을 줄이는 연습스윙

한 가지 동작과 한 방향의 근육운동을 백 수십 회 반복하는 것은 부상의 빈도를 급격히 올린다. 수백 번 마구잡이로 스윙한다면 실력이 쌓이는 게 아니라 근육과 인대의 피로만 누적된다. 연습장에서 공이 올라올 때마다 휘두르지 말고 스윙과 스윙 사이에 프리샷 루틴을 시행해야 한다. 실전 필드에서 공만 보인다고 빈 스윙 없이 마구 휘두르지 않는 것처럼 말이다.

    연습장에서도 필드에 와 있다고 상상하면서 근육의 긴장과 이완을 반복하면서 집중력을 키워야 한다. 공 치는 횟수는 반으로 줄이자. 그래야 엉덩이 통증뿐만 아니라 다른 부위 부상도 줄일 수 있다. 성에 차지 않으면 공을 치지 않는 빈 스윙을 많이 하도록 하자. 빈 스윙이야말로 가장 빨리 자세를 교정하고 실력을 키울 수 있는 지름길이다.

남자는 스트레칭, 여자는 근육 운동

PGA 선수들에 대한 몇몇 연구들을 보면 유연성이 좋은 선수들이 좀 더 퍼포먼스가 좋다고 한다. 골프스윙은 주로 좌우로 허리가 꼬아지니 스윙 방향의 근육과 인대만 집중적으로 스트레칭해도 충분하다고 주장하는 프로들이 있다. 틀린 말은 아니지만 부상의 위험을 줄이기 위해서는 스윙 시 관절 움직임과 상관없는 방향으로도 스트레칭을 해주어야 한다. 스윙 동작에 별로 참여하지 않을 것 같은 근육들도 스트레칭해주면 좋다. 그래야 비로소 여러 관절들이 풀어지게 된다.

아마추어 골퍼(특히 남자)들은 비거리가 근육에 비례한다고 생각하는데 반드시 그렇지는 않다. 오히려 남자 골퍼는 유연성을 높이는 데 좀 더 시간을 할애해야 한다. 맨날 푸시업하고 덤벨만 들 것이 아니다. 오히려 요가나 필라테스가 남자 골퍼에게 더 도움이 된다.

대개 선천적으로 남자보다 유연한 여자 골퍼의 경우는 이와 반대다. 근력운동을 좀 더 해야 한다. 근육 운동이나 무게 들기를 하면 우락부락해질까봐 걱정하는 경우가 있는데 여성의 근육 구조나 호르몬의 차이로 쉽게 근육질이 되진 않는다. 더욱 탄력있고 좋은 몸매가 될 수 있고 골프클럽을 흔들리지 않게 휘두르려면 여성은 더욱 근력운동에 힘써야 한다.

골프스윙의 중요한 부분인 엉덩이와 골반의 부상을 줄이고 스윙 스피드를 올리고 싶은가? 남성은 엉덩이 관절 스트레칭에 더욱 힘써야 한다. 여성은 엉덩이 근육을 키우기 위해 펌프질 같은 저항 운동을 해야 한다.

타이거 우즈의 무섭게 빠른 스윙 스피드는 두툼한 엉덩이와 허벅지 때문만은 아니다. 뛰어난 유연성이 이러한 스피드를 만든다. 타이거 우즈는 선천적으로 매우 유연한 몸을 가지고 태어났음에도 유연성을 유지하기 위해 꾸준히 훈련하는 것으로 유명하다. 엉덩이 관절 스트레칭에 좀 더 시간을 투자하면 부상도 줄이고 스윙 스피드도 올릴 수 있다.

골프와 코어운동

최근 들어 골프 이외에도 여러 스포츠 클리닉과 운동 센터 등에서 가장 강조하는 개념이 코어(core) 강화가 아닐까 싶다. 컴퓨터 CPU의 핵심도 코어라고 하는데 코어는 글자 그대로 중심부, 핵심이라는 얘기다. 몸에서는 몸통 근육이 코어이고 실질적으로는 몸통과 다리를 이어주는 근육들까지 넓게 포함해 배와 등 근육, 골반쪽 근육을 모두 이야기한다.

스포츠에서 어느 한 가지 근육만 움직이는 법은 없다. 코어운동을 중요시 여기지 않고 운동 시 필요한 특정 근육에 포커스를 두는 사람도 많은데 어느 한 근육만 강조한다고 해당 근육만 운동되는 것도 아니다. 또한 다른 근육을 운동하더라도 코어 근육이 간접적으로 강화될 수 있기에 근골격계를 공부한 정형외과 의사들에게 그런 운동은 그다지 설득력 있는 개념으로 다가오지 않는다.

프로야구 선수들도 허벅지만 열심히 부풀리거나 팔 운동에 시간을 집중하던 운동 방법에서 코어를 강조하는 쪽으로 트레이닝 방법이 전환되었다. 시간을 덜 들이고도 좋은 성적이 동반되면서 코어 운동에 대한 관심이 높아지고 있는 것이다. 예전처럼 팔 또는 다리 굵기만으로 투수의 능력을 평가하기는 힘들어졌다는 얘기다.

타이거 우즈의 카리스마 넘치는 몸매는 그냥 나온 게 아니다. 우선 유산소 운동으로 시작해 웨이트와 함께 코어와 유연성 운동 등을 하고 2~3시간 공을 치고 다시 웨이트와 스트레칭을 하면서 운동을 마친다. 점심 때 잠깐 쉬는 것 빼고 대부분 아주 강도 높게 아침 7시부터 저녁 7시까지 운동하는 것으로 유명하다. 게다가 저녁 식사 후 다시 농구나 테니스를 즐기기도 한다니 입이 다물어지지 않는다. 나이도 들고 부상도 당하면서 운동 루틴이 많이 바뀌었다고는 하지만 코어 운동은 여전히 실시한다고 알려져 있다.

골프에서 아마추어들이 성적향상과 부상방지를 위해서 해야 할 코어 운동은 크게 복잡하지 않다. 크런치, 플랭크(사이드 플랭크 포함), 레그 레이즈 등만 꾸준히 해줘도 허리와 배를 보호하면서 골프스윙에 안정성을 높일 수 있다. 서너 가지 운동을 3~4 사이클씩 꾸준히 하는 것이 일상에 쫓기는 아마추어들에게 쉬운 일은 아니다. 그래도 골프를 위해 특히 강화되어야 하는 코어 근육을 하나 꼽자면 배 옆을 비스듬히 지나가는 근육, 즉 복사근(abdominal oblique muscle)이다.

갈비뼈 아래 옆구리에서 식스팩 왕(王)자가 새겨지는 복직근까지 이어지는 근육이 있다. 정육점에서 소의 살코기를 겹겹이 벗겨내듯이 사람의 근육도 겹겹으로 떼어낼 수 있는데 겉에 있는 복사근을 외복사근, 한꺼풀 벗겨내면 보이는 근육이 내복사근이다. 골프의 스윙에서는 멋진 식스팩 복직근보다는 옆으로 비스듬히 진행하는 복사근이 매우 중요한 근육이다. 플랭크나 사이드 크런치 등으로 이 근육을 강화해보라. 스윙 시에도 이 근육의 방향을 머릿속으로 그리면서 몸통을 돌려준다면 일관성과 파워를 더해줄 수 있을 것이다.

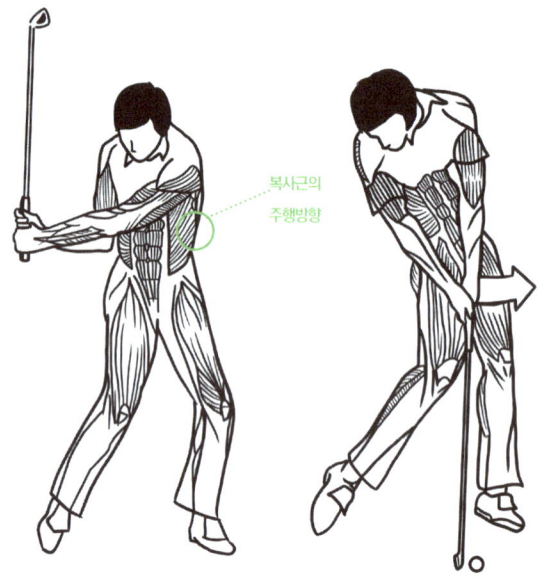

엉덩이가 아프면 힙턴 줄이고 상체로 리드하라

사실 많은 프로들이 힙턴(hip turn)의 중요성을 설명하고 힙턴에서 파워가 발생한다고 강조한다. 그렇다고 힙을 마냥 열심히 돌린다고 파워가 많이 생기는 것은 아니다. 어차피 몸통이 꼬이면서 힘이 만들어지고 스윙의 파워가 축적된다고 봤을 때 오히려 힙턴을 좀 적게 해야 몸통과 어깨 꼬임이 많아지면서 파워도 더 생길 수 있다. 과유불급이다. 힙턴이 너무 적어도 문제겠지만 고관절에 무리가 갈 정도로 고관절을 너무 많이 돌리지 말아야 한다.

백스윙이나 다운스윙 때 대부분의 프로들은 하체의 리드를 강조한다. 오른쪽 엉덩이 주머니가 뒤로 가게 밀어주라거나 또는 엉덩이를 누가 뒤에서 잡아당긴다고 생각한다거나 하면서 하체의 움직임을 강조한다. 정상적인 관절을 가진 사람이라면 당연히 그래야 한다. 그렇지만 오른쪽 엉덩이 관절 문제로 통증이 있는 사람은 이렇게 하려면 정신적으로 육체적으로 머뭇거리게 된다. 이런 분들은 오히려 어깨나 가슴 등 상체가 리드한다고 생각하고 백스윙과 다운스윙을 해보자. 거리는 약간 줄어들겠지만 좀 더 통증없이 부드러운 스윙을 할 수 있다. 다만 상체로 한다고 해서 팔에 힘을 주며 빨리 풀어버리는 캐스팅(casting)이 일어나지 않도록 유의해야 한다.

3장 - 어깨 다치지 않는 골프

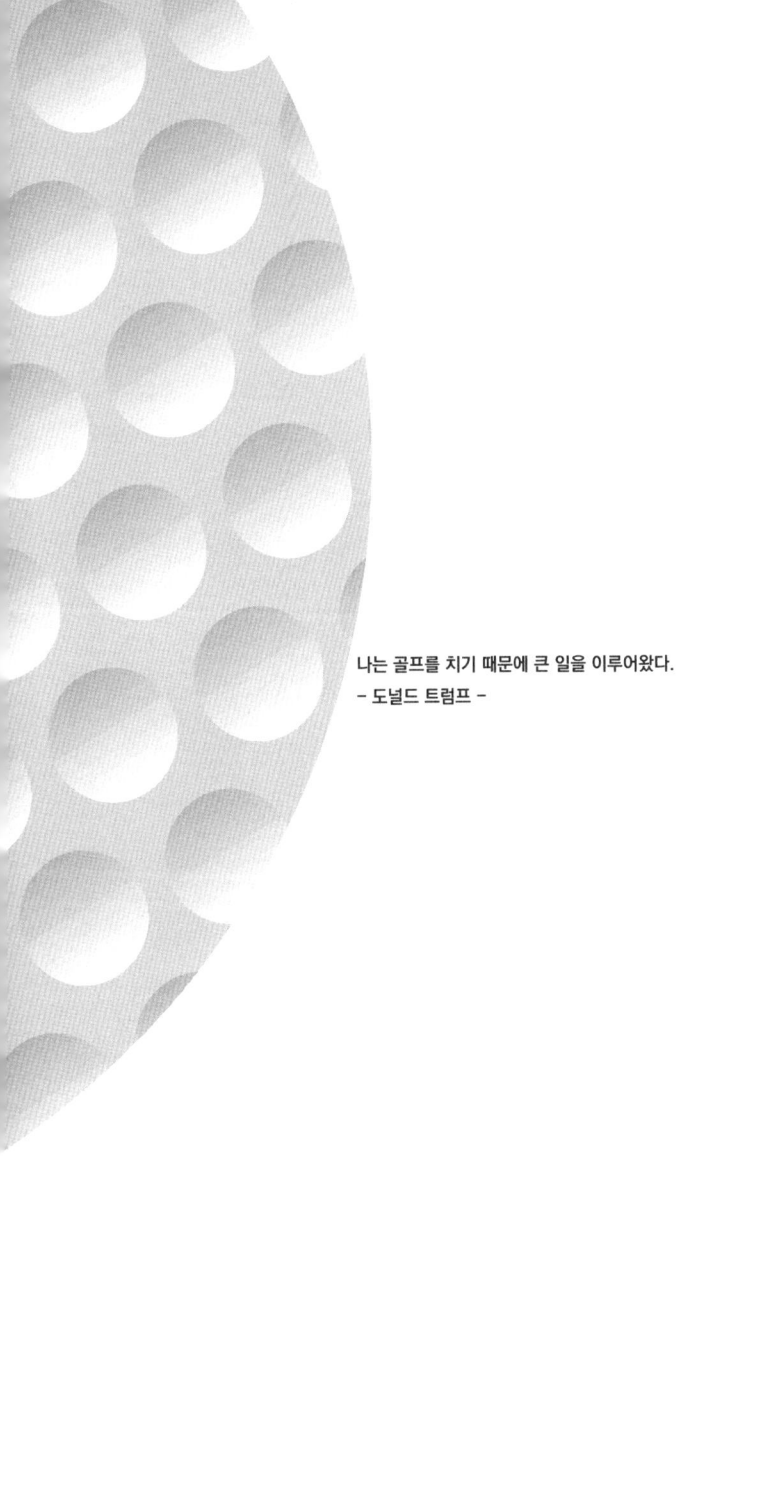

나는 골프를 치기 때문에 큰 일을 이루어왔다.
- 도널드 트럼프 -

불안정하지만 유연한 어깨

어깨 관절은 인체에서 가장 불안정한 관절이다. 몸통과 팔을 연결해주는 관절인데 근육 살점 몇 개로 팔이 몸통에 달라붙어 있는 모습이라고 생각해도 과언이 아니다. 웬만큼 큰 힘으로 잡아당기면 팔은 몸에서 떨어져나가 탈구되거나 찢어지고 몸통에서 떨어져 덜렁거릴 수 있다.

불안정한 관절이지만 불안정할수록 관절 운동범위가 크다는 장점이 있다. 불안정한 만큼 유연해서 어떤 방향으로도 움직일 수 있다. 인간은 어깨 힘으로 나무에도 매달리고, 어깨를 뻗어 열매를 따더니, 땅에 내려와 어깨를 이용해 돌멩이를 던질 수 있게 발달되어 왔다. 급기야 그 어깨로, 이상하게 생긴 골프클럽을 들고 이리저리 휘두르고 있다.

아마추어에겐 어깨가 아파서 골프를 못 치는 일은 잘 생기지 않는다. 하지만 미국의 연구 보고에 의하면 많은 골퍼들이 허리, 팔꿈치, 손목과 손 다음으로 어깨의 괴로움을 겪고 있다. 유럽의 통계는 좀 다른데 팔꿈치 다음으로 어깨 부상이 많이 일어난다고 한다. 보통 클럽을 못 들 정도로 심한 경우는 많지 않다. 하지만 일단 어깨에 문제가 생기면 일상생활도 괴롭고 여간 신경 쓰이고 괴로운 게 아니다.

회전근개와 골프스윙

어깨를 구성하는 근육 중 가장 중요한 회전근개는 견갑골 앞 뒤와 위에 붙어서 팔을 붙잡아주고 움직여준다. 견갑골 뒤의 등짝 위에 붙어 팔을 들어올려주는 극상근(supraspinatus), 등짝 아래에 붙어 팔을 붙들고 있는 극하근(infraspinatus), 그 밑에 조그만 소원근(Teres minor), 견갑골 앞쪽에 붙어 팔을 붙들고 있는 견갑하근(subscapularis)이 이름도 거창한 회전근개라는 살덩어리를 구성한다.

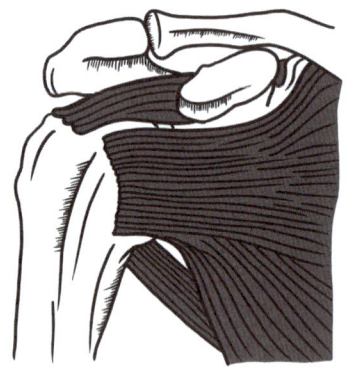

회전근개는 어깨의 안정성과 운동에 굉장히 중요한 역할을 하지만 골프스윙 중에는 사실 그다지 많이 참여하진 않는다. 프로나 핸디캡이 낮은 골퍼를 대상으로 시행한 연구에

의하면 견갑하근은 가속이 붙어 공을 임팩트하는 시기에 많이 관여하지만 나머지 근육은 비교적 얌전하다. 어깨를 동그랗게 감싸는 삼각근(Deltoid)도 큰 역할을 하지 않는다.

실제 골프스윙 때 어깨 쪽에서 가장 활발히 움직이는 근육은 광배근(넓은등근육, Latissimus dorsi)과 대흉근(Pectoralis major)이다. 이중 다운스윙과 클럽헤드의 가속 시에 가장 많은 힘을 내는 것은 광배근이다. 타이거 우즈의 스윙을 보면 가슴팍 옆에서 멋지게 펼쳐진 아름다운 광배근의 꿈틀거림을 볼 수 있다. 이외에도 척추와 견갑골을 연결해 어깨를 안정시켜주는 승모근(trapezius)과 능형근(rhomboid) 등의 근육이 상당히 활성화된다.

여러 연구에서 이러한 결과를 도출해냈는데, 유추해보면 골프스윙 시에 어깨 자체근육이나 상체를 사용해서 스윙을 하는 게 아니라 어깨를 몸통과 척추에 연결해주는 좀 더 큰 근육들이 활성화되어서 클럽헤드를 컨트롤해야 한다는 것을 시사한다. 팔과 어깨를 잘 써야 하겠지만 팔과 어깨 자체 근육을 쓰는 대신 팔과 어깨를 몸통에 붙이는 큰 근육을 머릿속에 그리면서 그 힘으로 클럽헤드를 제어해야 한다는 얘기다.

이외에 전거근(전방톱니근, Serratus anterior)도 크기가 크지는 않지만 골프스윙 내내 견갑골이 몸통에서 떨어지지 않게 잡아주면서 클럽헤드의 가속에 많은 역할을 한다. 스윙하는 동안 팔이나 손목에 신경 쓰지 않고 이런 몸통 근육의 모양이나 방향을 상상하며 이 근육이 움직여서 공을 친다고 생각하면 좀 더 편하게 클럽헤드를 제어할 수 있다. 특히 전거근은 근육의 방향과 스윙 플레인이 일치하므로 개념을 좀 더 쉽게 이해할 수 있을 것이다.

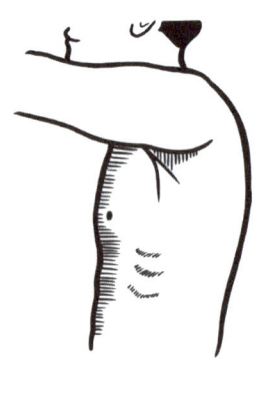

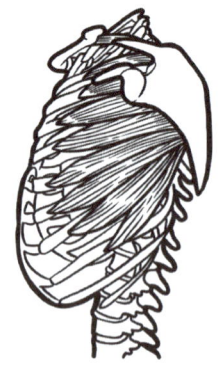

전거근의 모양과 방향

리드하는 어깨가 주로 다친다

골프스윙 때 어깨에 문제가 생긴다면 대부분 리드하는 어깨, 즉 왼쪽 어깨(오른손잡이의 경우)에 발생한다. 보통 오른쪽보다 왼쪽에 세 배 가량 더 문제가 발생하는 것으로 보고되었으나 최근에는 90퍼센트 이상이 왼쪽 어깨에 문제가 생긴다고 한다. 부상을 당한 골퍼에 따라서 문제가 되는 손상의 종류는 상당히 많겠지만 실제로는 크게 몇 가지로 구분된다.

몸통과 연결해주는 큰 근육들이 골프스윙에 많이 관여하더라도 실제 손상은 회전근개나 어깨 관절 주변에서 많이 발생한다. 프로에서도 그럴진대 하물며 팔과 어깨 관절 근육에 힘이 많이 들어가는 아마추어에게는 더욱 문제가 될 것이다.

어깨에 가장 흔한 손상을 분류하면 회전근개 손상(rotator cuff injury), 견봉하 충돌 증후군(subacromial impingement syndrome), 관절와 상완관절 불안정증(glenohumeral instability)과 주변 관절의 관절염이다. 이중에서도 어깨 문제의 90퍼센트 이상이 회전근개 손상이나 충돌 증후군이다. 사실 두 부상은 같이 발생하는 경우가 더 많다. 대부분 백스윙 탑이나 팔로우 스루 마지막에서 통증을 일으킨다.

회전근개 파열과 치료

어깨를 들어주고 움직여주고 팔이 몸통에서 떨어져나가지 않게 잡아주는 중요한 4개 근육 덩어리를 회전근개(rotator cuff)라고 한다. 극상근, 극하근, 견갑하근, 소원근으로 날갯죽지뼈에서 나와 팔 위의 뼈(상완골)를 앞뒤와 위쪽에서 잡아준다. 이 근육은 한 번에 큰 충격을 받아서 다치기도 하지만 수십 년 살면서 팔을 쓰다보니 조금씩 닳고 해지면서 생기기도 한다. 급성으로는 갑자기 큰 힘을 쓰며 무거운 물건을 들거나 팔을 뻗고 앞으로 엎어지면서 넘어질 때 확 찢어진다. 가끔 근육이 뼈까지 잡아당겨서 뼈조각을 물고 떨어지는 골절(견열 골절)이 함께 발생하기도 한다.

라운닝을 하면서 걸려넘어져 다치는 것이 아니라면 갑자기 회전근개가 끊어지는 일은 드물다. 골퍼들의 어깨 부상은 자꾸 휘두르다보면 조금씩 점점 더 아파지는 경우가 많다. 골프스윙을 반복하면서 미세한 파열이 생기다가 어느 순간 통증이 오고, 밤에 자다가도 옆으로 누우면 아프고 힘이 약해지는 느낌이 들다가, 결국 팔 쓰는 게 고역이 된다.

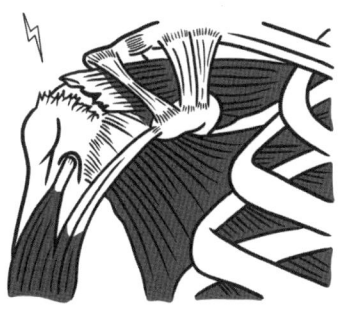

초기에 잘 치료한다면 수술까지 가는 경우는 많지 않다. 우선 쉬어주면서 물리치료 등을 병행하고 통증을 가라앉혀야 한다. 골프스윙을 포함해서 뭐든 통증을 유발하는 활동은 잠시 쉬어줘야 한다. 80~90퍼센트 이상 통증이 가라앉았다면 어깨 주변의 근력강화 운동을 해주고 이후 조심스럽게 골프로 복귀하라. 일부가 찢어져 있는 부분 손상의 경우, 견봉(어깨의 가장 위에서 만져지는 뼈, Acromion) 아래를 다듬어주고 일부 손상된 조직을 갈아내거나 꿰매주는 내시경 수술이 필요할 수 있고, 대개 수술 후 3개월 내에 필드 복귀가 가능하다.

회전근개가 완전히 찢어져 있고 통증이 지속되거나, 완전히 찢어지지는 않았지만 다시 심하게 강도 높은 운동을 해야 한다면 초기에 수술적 봉합을 고려하기도 한다. 요즘은 대부분 관절내시경으로 치료하기 때문에 회복도 빨라지고 성적도 좋다. 수술 후에 백스윙이나 팔로우 스루가 약간 줄어드는 경우가 있으나 실제 골프스윙에 큰 무리는 가지 않는다. 야구나 다른 던지기 스포츠에 비해서 회전근개를 덜 쓰는 스포츠라서 그런지 골프에서는 대부분 수술 전의 기량을 빨리 회복한다는 결과가 보고되고 있다.

어깨의 충돌 증후군

부딪쳐서는 안 되는 두 물체가 부딪치면 아프거나 붓고, 심하면 뼈가 자라나오기도 한다. 이러한 일련의 현상을 충돌 증후군(Impingement syndrome)이라고 부른다. 다양하고 별의별 일이 다 일어나기에 증후군이라는 용어가 붙었다. 사람의 몸 조직은 상당히 강한 자극이 가해지고 다쳐도 회복하는 놀라운 능력이 있다. 대수롭지 않고 시시한 자극이지만 지속적으로 가해지면 결국 조직의 손상이 심해져 어떤 경우엔 상당히 큰 부상이 올 수도 있다. 작은 바늘은 커다란 코끼리에게 아무것도 아닐 수 있지만, 수천 번을 찌른다면 얘기가 달라진다.

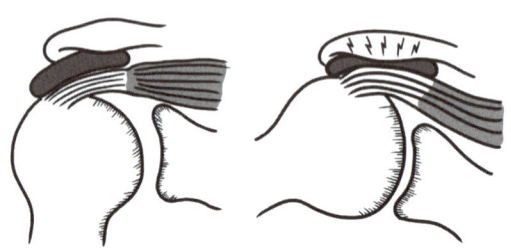

어깨는 온갖 방향으로 자유자재 움직이는 것 같지만 어깨의 천장뚜껑은 견봉(acromion)이라는 뼈로 막혀 있다. 팔을 과도하게 자꾸 움직이게 되면 위팔뼈(상완골)가 견봉이라는 뚜껑에 자꾸 닿게 되어 회전근개나 주변 힘줄 등에 염증을 일으키게 되고 아파진다. 견봉을 자꾸 자극하면 뼈도 화가 나는지 골극(spur)이라는 쓸데없는 골조직이 자라나게 된다. 이 자라난 뼈가 충돌 현상을 더 악화시키는 악순환(vicious cycle)이 생긴다. 더 심해지면 서로 건드리고 비벼지면서 회전근개 파열도 올 수 있다.

팔을 들 때 처음에는 안 아프다가 어느 정도(대개 60도) 들면 아프기 시작하고 이후 점점 더 많이 아프다가 중간지점을 지나 더 많이 들면 충돌되는 근육의 위치가 바뀌면서 오히려 편해지는 현상이 일어난다. MRI 등 정밀검사를 해보거나 이 사이의 충돌 위치에 국소마취제나 소량의 스테로이드를 사용해서 증상이 줄어드는 것을 보면 진단할 수 있다.

어깨의 충돌 현상을 막거나 치료하기 위해서는 어깨 주변 근육을 강화해야 한다. 팔을 올릴 때 뚜껑과 충돌하기 때문에 팔에 안정감을 주고 팔을 잡아당겨 내려주면서 공간을 넓혀주는 근육을 키워야 한다. 근육이 단단해지고 통통해지면 충돌이 일어나도 에어백 역할을 할 수 있다.

어깨 보호와 안정화에 중요한 근육은 몸통 뒤에 있는 견갑골 앞뒤로 붙어 있는 근육들인데 이것부터 강화해야 한다. 인터넷에 수백 가지 방법이 나와 있으니 한두 가지만 골라서 한두 달 이상 약한 강도부터 욕심부리지 말고 꾸준히 해주면 된다.

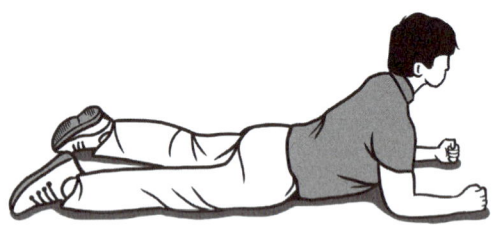

어깨 충돌증후군 방지 견갑골 강화 운동 그림. 견갑골 안정화 운동의 한가지 예

어깨 빠짐: 관절와 상완관절 불안정증

평소 멀쩡하다가 대수롭지 않은 충격에 어깨가 허무하게 빠지곤 하는 사람들이 있다. 어깨 관절은 팔뼈가 견갑골의 좁고 오목한 부분에 달라붙어 있다. 이때 팔이 몸에서 쉽게 떨어지지 않게 입술모양의 조직이 관절을 둘러싸서 꽉 잡아주는 구조가 관절와순이다. 이곳이 찢어지게 되면 팔이 자꾸 빠지거나 아파지는 불상사가 생긴다.

높은 데서 떨어지거나 넘어지면서 심하게 꺾이면서 어깨가 빠지고 불안정해지기도 하지만 선천적으로 조직들이 너무 유연해서 큰 자극이 없어도 자꾸 빠지기도 한다. 온몸의 관절이 매우 유연해서 몸이 작은 통속에 구겨져 들어가는 통아저씨를 생각하면 이해하기 쉽다. 그런 사람은 모든 관절이 유연하며 특히 뼈조직으로 둘러싸여 있지 않은 어깨는 더욱 유연하다.

   메이저리그에서 맹활약하는 류현진 선수도 이 구조물에 이상이 생겨서 수술까지 받고 어렵게 재기했다. 류현진 선수의 경우는 엄밀히 말해 관절와순병변(SLAP)이라고 따로 구분하기도 하지만 어깨의 불안정성이 일부 관여한다. 투수가 팔을 머리 위로 들고 가슴을 잔뜩 내밀고 던지는 동작이 어깨가 앞쪽으로 빠지는 상황과 비슷하기도 하기 때문이다.

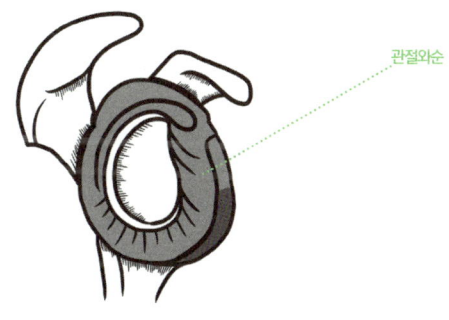

관절와순

일반인의 어깨 부상은 주로 앞으로 빠지고 앞쪽 관절와순이 너덜너덜해지며 불안정해지는 경우가 대부분이다. 골퍼의 어깨 부상은 주로 뒤쪽의 관절와순에 문제가 많이 생긴다. 어깨 턴(turn)과 엉덩이 턴이 차이가 많이 나는 프로들의 어깨는 많은 훈련으로 인해 매우 유연하고 일부 늘어져 있기도 한다.

어깨 뒤쪽이 당길 때, 후방관절와순의 손상

프로들에게 드라이버 등 거리를 내는 노하우를 물어보면 빠지지 않는 게 몸통 턴(turn)을 많이 하라는 것이다. 그러나 대부분의 아마추어들은 두렵다. '너무 많이 돌렸다가 다시 못 돌아오는 건 아닐까? 너무 많이 돌렸다가 영영 공을 못 보게 되는 게 아닐까?' 이런 두려움을 줄이기 위해, 또는 몸이 너무 뻣뻣하다는 이유로 몸통 회전은 조금 하고 몸에 붙인 팔을 몸 대신 과도하게 돌린다. 그러다보면 어깨 뒤쪽이 과도하게 늘어나게 되고 어깨를 안정되게 잡아주는 구조물 중 하나인 후방관절와순(Posterior labral tear)이 찢어질 수도 있다. 어깨 통증을 호소하는 프로들에 대한 연구에 의하면 약 12퍼센트가 후방의 불안정증이라고 보고되고 있다.

어깨 뒤쪽이 백스윙 시에 당기고 아프다면 과감히 몸통회전을 더 해주자. 너무 회전했다가 공을 못 맞춘다면 밸런스에 문제가 있는 것이고 체중이동이나 밸런스 등을 함께 교정해야 한다. 사실 뒤로 턴을 많이 해서 멀리 갈수록 돌아올 길이 멀어지지만 거꾸로 생각하면 다운스윙을 할 때 리듬만 부드럽게 하면 스윙하면서 시간을 충분히 가지고 공을 부드럽게 임팩트할 수 있다. 그래도 백스윙 시 턴이 더 안 되고 멈춘다면 어깨를 더 꺾으려고 하지 말고 그 지점에서 어깨도 그만 돌아야 한다.

플라이오메트릭과 골프스윙

사실 어깨의 후방부위는 제대로 된 스윙을 하는 골퍼라면 늘 어날 수밖에 없다. 실제 부드러운 리드미컬한 스윙이 되려면 테이크백하면서 목표하는 백스윙 탑에 도달하기 전에, 우선 왼쪽발로 체중이동이 되면서 몸통과 힙은 왼쪽 이동이 시작되어야 하고, 아직 백스윙 탑에 도달하지 않은 팔은 좀 더 오른쪽 뒤로 가야 한다. 이렇게 된다면 몸통의 근육과 왼쪽 어깨 뒤편의 조직들은 고무줄 같이 약간 늘어나줘야 한다. 근육이 강하게 수축하기 전에 오히려 살짝 늘어났다가 갑자기 줄어들게 되면(또는 그 반대) 강한 파워를 만들어낸다는 개념이 플라이오메트릭(plyometric)이다.

예전 올림픽에서 소련 선수들이 금메달을 싹쓸이할 때 이용되었던 개념으로 2002 월드컵 영웅 히딩크 감독이 우리

대표 선수들의 체력을 키우고 폭발적인 순간 동작을 강화하기 위해서 도입하여 유명해진 방법이기도 하다. 손흥민 선수는 장거리 뛰는 근육도 좋지만 이러한 폭발적 순간동작을 잘 할 수 있게 만들어진 플라이오메트릭 운동의 결정체이다. 쉽게 말해서 점프를 하기전에 무릎을 강하게 구부렸다가 다시 확 일어서면 점프력이 커진다. 가만히 뻣뻣이 섰다가 뛰어오르면 어색하고 잘 되지 않고 부드럽게 또는 강하게 점프할 수 없다.

어찌 보면 골프에서 갑자기 확 당겨지는 순간동작보다는 부드러운 리듬을 강조하는 게 적합해보이지 않을지 모른다. 하지만 스윙 자체도 근육이 살짝 늘어났다가 수축해야 원활하고 어색하지 않게 좀 더 강한 파워를 만들어낸다는 점에서 이러한 원리에 어긋나지 않는다. 어쨌든 백스윙 탑에 도달하기 직전 몸은 앞으로 나아가게 되고 다운스윙 시에 중력에 의해서 또는 몸통회전에 의해서 팔뒤의 근육은 일시 수동적으로 끌려가게 되면서 후방은 늘어난다. 이렇게 약간 근육이 늘어나줘야 다시 이 근육이 상황에 맞도록 부드럽게 또는 아주 강하게 수축할 수 있는 여지를 주는 것이다.

어깨는 위에서 얘기한 대로 여러 가지 복잡한 손상이 발생할 수 있는 우범지역(?)이긴 하지만 어떻든지 어깨를 덜 쓰게 되면 손상은 발생하지 않거나 줄어드는 게 당연하다. 갑작스럽게 힘이 들어가고 땡기는 것도 이 어깨나 상지를 과도하게 쓰기 때문이다. 팔로 클럽을 들고 하는 운동에서 팔을 안 쓰는 것은 역설이지만 팔을 덜 쓸 수는 있다. 스윙에서 팔과 어깨는 능동적(active)으로 관여하는 게 아니고 가능한 수동적(passive)으로 따라가야 한다.

　프로들의 슬로우 모션을 분석해가면서 각도마다 손과 손목, 팔꿈치가 어떻게 돌아가는지 열심히 설명을 하는데 이러한 분절적 분석에 너무 신경 쓰면 때때로 상당히 과도하게 힘이 들어가고 경직되면서 어처구니 없는 샷이 나오게 된다. 상완을 가슴에 붙이거나 일체감을 느끼면서 몸통 회전으로 공을 쳐야 하고 이때 팔은 상당히 수동적(passive)으로 움직이면서 끌려가야 한다. 몸통으로 돌다보면 굳이 손과 손목, 어깨에 큰 신경을 안 써도 알아서 돌게 마련이다. 팔 운동보다 몸통과 코어 운동을 하면 비거리가 느는 이유가 거기에 있다.

몸통 스윙이 오차도 부상도 줄인다

어깨나 상지에 힘이 들어가게 되면 자칫 많은 오차가 발생하지만 몸통은 돌면서 오차가 훨씬 적게 발생한다. 배꼽이나 갈비뼈를 비틀어봐야 얼마나 비틀리겠는가?

　맷 쿠차나 세계랭킹 톱10을 항상 유지하는 더스틴 존슨 선수를 보면 그 큰 키에도 헐렁대는 일 없이 깔끔하고 일관성 있는 스윙을 자랑한다. 탁월하고 당당한 체격으로 평소 당당하게 가슴 펴고 다니는 분들인데 실전에서 스윙의 시작 순간에는 상당히 좁스럽게 가슴을 좁히고 양팔(상완, upper arm) 부분을 모아준다. 릴리즈할 때 타이거 우즈처럼 끝까지 손목을 꺾은 상태로 끌고 내려오지는 않지만 가슴에 빨리 모아주면서 몸 스윙에 좀 더 맡기는 사람은 클럽 페이스도 일찍 스퀘어(square)되면서 일관성도 높아진다.

물론 타이거 우즈 같이 손목과 팔꿈치를 정교히 조정해갈 능력이 있는 사람들은 여기에 해당되지 않을 것이다. 아마추어의 경우 어깨부터 손가락 끝 사이의 근육들이 자꾸 스윙에 끼어들면 부상의 위험만 높아지고 일관성이 떨어진다.

열심히 강화하고 최대한 덜 써야 하는 역설

어느 부위의 부상이든지 회복 단계에서의 필수 재활은 그 주변의 근육을 강화하는 것이다. 어깨 재활도 마찬가지다. 적절한 치료와 휴식으로 통증이 많이 가라앉고 회복이 되었다면 다음 단계는 회전근개를 비롯한 어깨 주변 근육을 열심히 강화해주어야 한다.

근육이 좋아진 후에야 클럽을 잡는 것이 원칙이다. 근육을 강화해야 어깨 주변 조직이 어떠한 자극에도 보호를 받을 수 있다. 다만 열심히 근육을 키우고 정작 스윙할 때는 최대한 덜 써야 한다.

덜 쓰기 위해 운동한다는 말만큼 이상하게 들리는 말도 없겠지만 그래야 스윙이 부드러워지고 파워도 더 나게 된다. "더 격렬하게 쉬고 싶다"라는 어느 광고의 역설적 문구처럼 어깨와 상지는 그렇게 근육을 덜 써야한다.

4장 - 팔꿈치 다치지 않는 골프

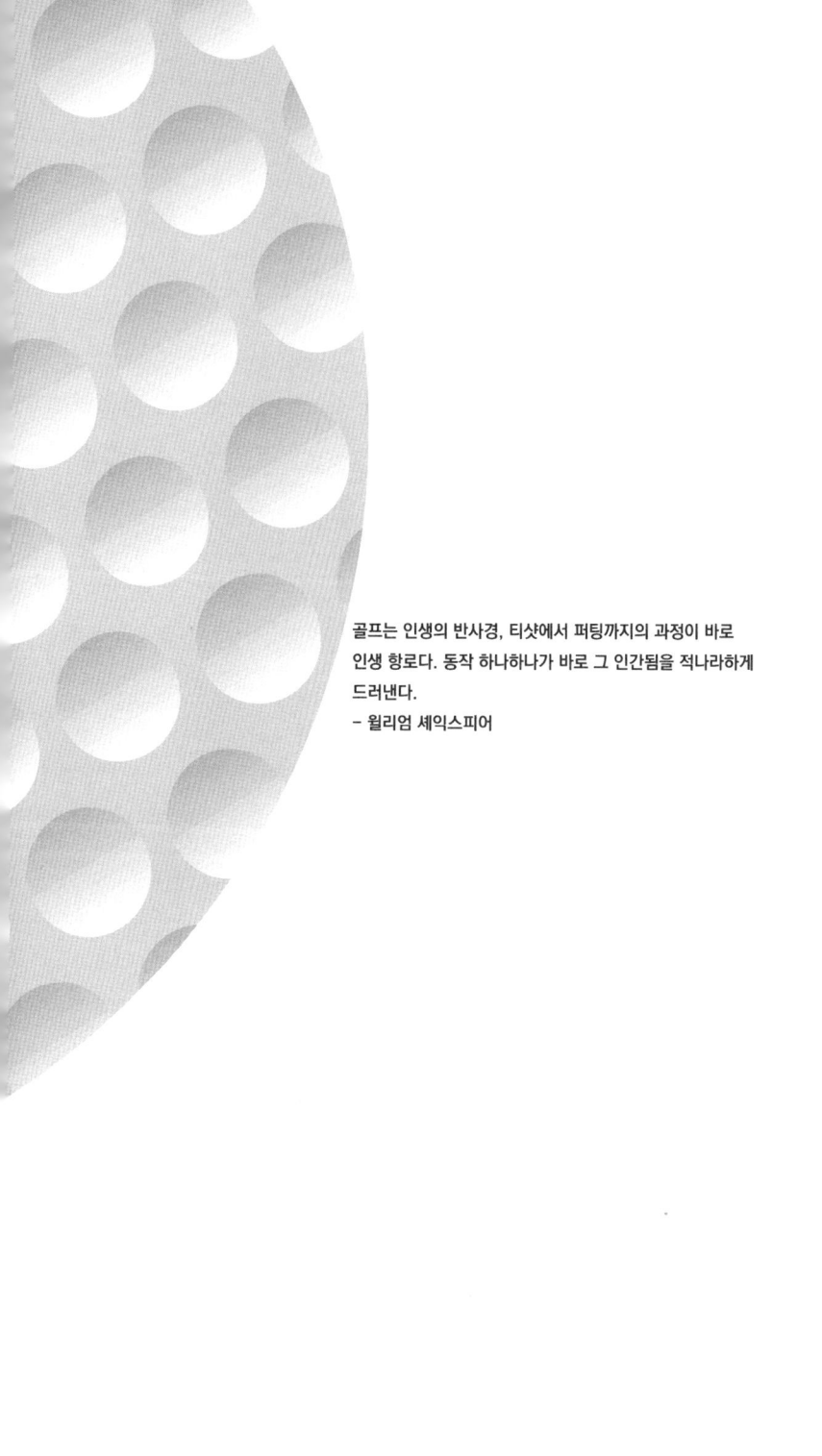

골프는 인생의 반사경, 티샷에서 퍼팅까지의 과정이 바로 인생 항로다. 동작 하나하나가 바로 그 인간됨을 적나라하게 드러낸다.
- 윌리엄 셰익스피어

골퍼에게 가장 핫한 부위, 팔꿈치

손에 뭔가를 잡고 하는 스포츠는 무엇이든 팔꿈치 주변의 근육과 힘줄에 부담을 준다. 무거운 도구를 들고 공사장에서 땅을 파거나 청소도구를 들고 집안 일을 많이 하는 경우에도 팔꿈치 통증은 잘 발생한다. 손가락과 손목을 움직이고 힘을 주는 근육은 대부분 팔꿈치에서 시작되기 때문이다.

손가락이나 손목을 위로 들고 바깥으로 비트는 근육들은 팔꿈치 바깥쪽에 두툼하게 붙어 있는 살덩어리에서 시작되고 손가락과 손목을 아래로 구부리고 안으로 비트는(문 손잡이를 돌리는 동작) 근육들은 팔꿈치 내측에 붙어서 시작된다. 손으로 무거운 클럽을 들었다났다 하는 골프에서 팔꿈치는 허리 다음으로 가장 많은 문제를 일으키는 '통증 우범지역'이다.

바깥쪽이 아픈 증상은 외측 뼈가 튀어나온 곳의 이름을 따서 외상과염 또는 테니스 엘보(Tennis elbow)라고 한다. 내측이 아픈 경우는 내상과염이라고 하며, 이를 골프 엘보(golfer's elbow)라고 한다. 근데 사실 골프 엘보라고 불리는 팔꿈치 안쪽이 아픈 경우는 골퍼들보다는 야구선수(little league elbow, 리틀리그 엘보)나 손가락으로 몸을 매달고 암벽을 타는 사람들에게 더 많다. 공을 세게 잡아보거나 던져보면 어느 근육에 긴장이 되는지 느끼게 될 것이다.

이름과 실제가 좀 달라서 환자를 볼 때 정형외과 의사들도 헷갈리고 혼동해서 쓰기도 한다. 골퍼들에게는 손목을 드는 근육, 즉 외상과염 발생이 많고 이런 외측 힘줄염은 앞에서 말했듯이 테니스 엘보라고 부른다. 실제 골퍼에게는 골프 엘보보다는 테니스 엘보가 5배 정도 더 많이 발생한다. 팔꿈치 외측이 아파지고 심해지면 가방이나 작은 핸드백만 잡아도 아프고 커피 머그잔조차 들기 힘들어 하는 경우가 있다.

남녀를 불문하고 가장 중요한 손상 중의 하나인데 특히 여성에게 빈도가 많다. 여성들의 주관절 각도(carrying angle)가 선천적으로 매우 큰 것이 그 원인일 수 있다. 주관절 각도는 주관절 운반각이라고도 하는데 손바닥을 앞으로 보이게 하고 팔꿈치를 쭉 뻗으면 전완부와 상완부가 이루는 각이 보인다.

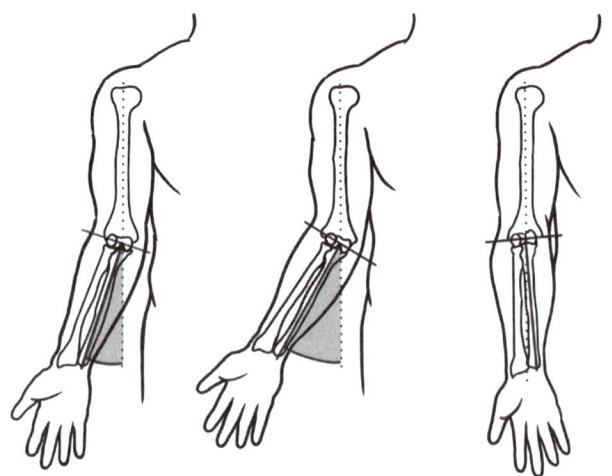

주관절 운반각이 큰 경우 부상의 위험도가 증가한다.

유연하기로 소문난 김효주 프로는 이 각도가 매우 커서 어드레스 자세에서 전완부가 상당히 붙는 것처럼 보이기도 한다. 이 각이 어릴 적 다친 후유증으로 매우 커져서 아프면 뼈의 각도를 돌리는 수술이 필요한 경우도 가끔 생긴다. 가장 흔한 통증 원인은 스윙의 메카닉스가 나쁜 경우와 메카닉스는 좋더라도 나이가 들고 무리해서 많이 사용하는 것이다.

테니스 엘보가 골퍼를 더 괴롭힌다

오른손 골퍼를 보자면 외측 엘보 외상과염(테니스 엘보)은 왼쪽 팔꿈치에 많이 발생하고 내측 외상과염(골프 엘보)은 오른쪽 팔꿈치 내측에 많이 발생한다. 골프 엘보는 바닥을 잘못 세게 치거나 커다란 디봇(divot)을 자주 만드는 경우 그 충격이 가해지면서 발생하게 된다.

골퍼한테 가장 흔하게 발생하는 외상과염(Tennis elbow)은 골퍼에게나 골프를 치지 않는 사람에게나 그 발생 메커니즘은 같다. 어떤 물건을 손에 꽉 잡고 팔꿈치를 힘있게 뻗을 때 근육에 최대의 스트레스가 걸리고 이때 클럽 등의 회전력(rotational force)이 가해지면 근육과 힘줄에 손상이 발생하는 금상첨화(?)의 조건이 형성된다. 물론 골프채나 공에 직접 이 부위를 가격당하면서 염증이 생기는 경우도 있으나 여간 재수없는 상황이 아니면 매우 드물다.

이외에 팔꿈치 내측 힘줄에 염증이 생기면 그 주변을 지나가는 척골신경이라는 죄없는 신경을 건드릴 수도 있다. 이때는 전완부 내측이나 새끼손가락 쪽이 저려오는데 이런 경우라면 빨리 병원을 찾는 것이 현명하다.

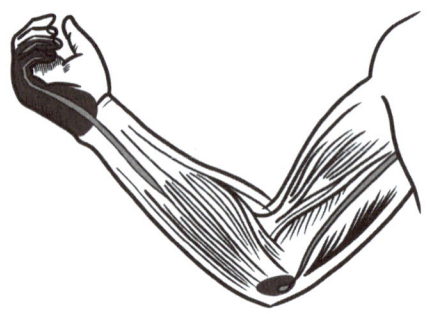

척골신경자극 (ulnar nerve irritation)

클럽의 종류와 팔꿈치 염증

골프클럽이 딱딱하면 공이 맞을 때 충격이 팔꿈치까지 전달된다. 그라파이트 클럽이 이런 면에서 스틸 아이언보다 훨씬 유리하다. 요즘 캐비티 백(cavity bag) 클럽은 공이 스윗스팟에 맞지 않았을 때 발생하는, 부르르 떨리는 현상을 많이 흡수해준다.

자주 열심히 하는 중년 골퍼의 팔꿈치

골프할 때 왼쪽 팔꿈치 바깥쪽이 아픈 경우라면, 얼마나 자주 연습하고 라운딩을 얼마나 하는지를 우선 봐야 한다. 매주 골프를 즐기는 것은 부럽기 그지없는 일이지만 미국 통계를 보면 일주일에 2~3회 이상 라운딩하는 호사를 즐기는 골퍼에게 외상과염의 빈도는 급격히 상승한다. 이런 경우에는 라운딩이나 연습 횟수를 조절하는 것이 좋다.

다음으로 고려할 요소는 나이인데 슬프게도 35세가 넘어가면 이 손상이 증가한다. 천하의 아놀드 슈왈츠제네거조차도 근육의 질은 20세 후반에 정점을 찍고 점차 퇴행적 변화로 넘어간다. 인생에서 35~50세는 어느 정도 생활이나 직업에 안정을 가지게 되며 시간적 여유가 조금씩 늘어나는 시기이다. 직업이나 사업상 골프 회동이 많아진다. 이때부터 골프에 대한 욕심이 생기고 정력을 쏟아붓는 사람이 많아진다.

안타깝게도 이때는 근육의 퇴화가 다소 진행되어버린 시기다. 열심히 운동하고 싶은데 몸은 따라주지 않는 마음과 몸의 해리(mismatching)가 발생하게 된다. 이때는 팔꿈치 손상뿐만 아니라 다른 근육이나 힘줄에도 무리가 가서 잠깐의 과도한 움직임으로도 어이없는 부상으로 병원 신세를 지기도 한다.

이 나이에는 골프든 뭐든 운동할 때는 운동량을 서서히 조금씩 늘려야 한다. 또한 라운딩이나 연습 전에 여러 근육에 대한 스트레칭을 충분해야 한다. '충분히'라는 것은 피부에 땀이 나도록 최소 5~6분 이상 해주어야 한다는 얘기다. 피부에 땀이 날 정도는 되어야 피부 아래에 있는 근육과 힘줄에도 윤활유가 돈다.

새벽같이 일어나 허둥지둥 아침 티오프 시간에 간신히 맞춰 도착해서 캐디의 구령에 맞춰 신음소리를 치아 사이로 흘리며 30초 스트레칭이나 간신히 하는 것으로는 몸의 근육을 활성화시키기 힘들다. 충분한 스트레칭을 하기 힘든 상황이라면 여러 근육의 활성화를 위한 제자리 뛰기 등을 같이하면 좋다.

스트레칭 없이 갑작스럽게 스윙과 근육 수축이 가해지면 눈에 보이지 않는 미세파열(microtear)이 근육 속에 생기고 이것이 좋지 않은 흉터조직(scar tissue)으로 치유된다. 좋지 않은 과정이 몇 개월 쌓이게 되면 몸이 점차 굳어가게 된다. 이런 사람이라면 건강을 위해서 골프보다는 요가가 더 나은 선택일 수 있다. 많은 골퍼들이 다치고 나서 다친 상황만 기억하고 그 상황에 대해 후회 또는 비난이나 원인 추궁을 하곤 한다. 실상은 그전부터 조금씩 다쳐온 게 쌓여 있다가 그날 폭발된 경우가 많다. 다른 스포츠 손상도 마찬가지다.

우아한 골프스윙의 시작, 포워드 프레스

제자리에서 높이 뛰기를 한다고 생각해보자. 가만히 무릎을 펴고 서 있는 채로 근육에 힘을 주어서 뛰어오른다면 어떻게 될까? 굉장히 어색하면서도 힘이 더 들어가고 결국 높이 뛰지도 못할 것이다. 순간적으로 무릎을 굽혀서 몸을 살짝 낮춰주고 뛰어야 더 쉽게 높게 뛸 수 있다.

골프클럽을 들 때도 가만히 있다가 뒤로 올리면 팔이나 어깨에 더 많은 힘이 들어가고 굳어진다. 이때 손목을 앞으로 살짝 밀어주면서 자연스럽게 올리면 힘이 덜 가고 스윙이 전반적으로 부드러워진다. 결국 팔꿈치의 부상도 줄일 수 있게 되는 것이다.

필 미켈슨은 퍼팅을 할 때도 이 포워드 프레스(forward press)를 해준다. 어릴 적부터 단련된 미켈슨이 퍼터 몇 센티 올리는 게 무거워서 그럴 리는 없다. 쓸데없이 여러 근육이 간섭하는 것을 최대한 막고 효율적으로 부드럽게 퍼팅하기 위해서 하는 것이다. 하물며 더 많이 들어올려야 하는 다른 클럽 스윙에서는 그 중요성이 더하다.

필 미켈슨 이외에도 거의 모든 상위 골퍼들이 이 포워드 프레스를 한다. 다만 어떤 선수는 아주 미세하게 하기 때문에 아마추어 눈에 잘 안 보일 뿐이다. 힘 세고 멀리 보내는 상위권 프로들은 힘을 아끼고 부담을 줄이고 부드럽게 백스윙을 하기 위해서 손목이나 다른 신체 부위를 스윙 시작 전에 반대로 움직여주는 포워드 프레스를 한다. 반면에 비거리 짧은 아마추어들은 포워드 프레스를 거의 안 한다.

팔꿈치를 완전히 펴야 한다는 환상

스윙의 메카닉스 중에서 가장 흔한 외상과염의 원인은 앞에서 언급한 대로 '손에 채를 꽉 쥐고 갑작스럽게 팔꿈치를 펴면서 손목을 돌리는 경우'이다. 골프스윙할 때 어쩔 수 없이 이렇게 쳐야 하니 고칠 수 없겠다고 생각하는 아마추어들이 많다.

박성현 프로나 로리 맥길로이가 팔꿈치를 멋지게 뻗어서 백스윙을 하고 강력하게 팔꿈치를 뻗으면서 시원하게 채를 던지는 동영상을 본 적이 있는가? 그들을 동경하는 모든 골퍼는 멋진 스윙 폼을 갈망한다. 팔꿈치가 멋지게 펴지려면 왼쪽 팔꿈치가 리드해야 한다고 설파하는 프로의 비디오를 보고 나서 열심히 팔꿈치에 힘 주고 뒤땅을 치고 있다.

이때 여러분은 프로들의 비디오를 조금 더 자세히 볼 필요가 있다. 좀 더 관찰하면 시원하게 쭉쭉 편 팔이 반드시 스윙 전반에 걸쳐서 로봇처럼 쫙 펴져 있지 않다는 것을 알게 된다. 백스윙 탑에서 쭉 뻗어 있더라도 다운스윙을 시작하면서 팔꿈치가 살짝 구부러지게 된다. 여기에 비밀이 있다. 팔꿈치가 살짝 구부러지면서 내려오면 팔꿈치 외측 근육에 걸리는 최대 부하가 급격히 줄게 되고 당연히 팔꿈치 손상도 많이 줄게 된다.

여기에 또 하나의 장점이 있다. 팔꿈치가 살짝 구부러지면 손상이 줄어들 뿐 아니라 손목 코킹도 늦게 풀리고 좀 더 아래쪽까지 타이거 우즈의 슬로우 모션처럼 손목을 끌고 내려올 수 있다. 타이거 우즈가 힘이 좋아서 땅끝까지 로봇처럼 손목을 고정하고 내려오는 것이 아니다. 힘이 좋아서 코킹을 안 풀고 계속 끌고 내려온다는 설명은 무리가 있다. 자연스럽게 초기 다운스윙이 되면서 아무 생각 없이 자연스럽게 이어지는 것이다.

다운스윙 초기에 타이거가 되기 위해 엄청 힘을 주면서 내리찍으려 하면 안 된다. 다운스윙 초기에는 오히려 팔에 힘을 거의 안 주고 끌려내려와야 하고 그러면 팔꿈치는 자연스럽게 살짝 구부러진다. 당연히 뒤땅의 빈도도 줄어들게 된다. 최고 수준의 여성 프로의 비디오를 보면 착각할 수 있다. 스윙 내내 팔꿈치가 반듯하게 펴져 있는 것처럼 보이는 프로가 많다. 그러나 이는 그전에 과신전(정상보다 더 많이 펴져서 젖혀져 있는 상태)에서 조금 구부러져서 그렇게 보이는 것이다.

공은 팔이 아니라 몸통으로 치는 것

팔꿈치가 리드해야 한다고 역설하는 프로도 있고 어깨가 먼저 돌면서 팔이 자연스럽게 따라와야 한다고 주장하는 사람도 있다. 손등으로 리드하며 공을 쳐야 한다는 얘기도 나온다. 어느 게 정답인지 어지럽다. 한 가지 확실한 사실은 클럽의 헤드로 공을 때리는 게 아니라는 것이다. 헤드로 안 때리면 대체 뭘로 때리냐고? 골프는 팔이나 손의 힘으로 치는 게 아니다. 팔은 가슴에 모여서 붙여주고 몸통을 돌려서 공을 치는 것이다. 팔꿈치나 손목은 헐렁헐렁하게 쫓아와서 맞는 것이다. 그렇다고 그립을 너무 살살 잡아서 클럽이 공을 때릴 때 틀어지면 안 된다. 그립은 견고해야 한다. 그렇다고 팔에 있는 관절(팔꿈치나 손목 관절)에 힘이 들어가면 안 된다. 여기에 힘이 들어가게 되면 골프 엘보가 발생하는 것이다. 어쨌든 각자 좋은 방법을 머릿속에 그리며 만들어가야 한다. 역설적일지 몰라도 그립은 견고하지만 팔 전체 힘은 빼야 한다. 공은 가슴에 모아준 힘 빠진 팔로 치는 것이지 헤드를 당기면서 컨트롤해서 치면 안 된다는 얘기다.

가장 쉬운 팁은 오른쪽 팔을 가슴에 지긋이 모아 대주면서 몸 또는 겨드랑이에 붙인 다음에 몸을 돌려서 몸에 붙어 있는 팔을 움직여 공을 치는 것이다. 엘보에 힘을 세게 주며 공을 치는 것은 아니다.

공을 얼마나 치면 엘보가 생기나

골프공을 하루 250개 이상 칠 때 근육에 미세한 손상이 발생한다는 보고가 있다. 숫자가 많다고 운동이 많이 되는 것이 아니다. 스윙하기 전 루틴을 정하고 천천히 빈 스윙을 한두 번 하고 호흡을 가다듬은 후 집중하고 스윙 하나하나에 정성을 들이면서 해야 한다. 신중한 루틴 없이 공 200개 이상 마구 패대기를 치는 것은 부상의 지름길이다.

이외에 팔꿈치 손상의 다른 원인으로 거론되는 것은 백스윙 때 스윙 플레인(plane)이 잘못되면 다운스윙 때 제위치로 가져다놓기 위해 보상운동이 생기고 이때 과도한 스트레스가 걸리면서 외상과염을 유발하는 것이다. 팔꿈치가 아프다면 치료가 필요하고 이후 반드시 레슨 프로 등을 통해 스윙 메카닉스를 꼭 점검하고 다시 시작하는 것이 좋다.

팔꿈치 안 다치고 백돌이 탈출

어쨌든 왼쪽 팔꿈치 통증은 왼쪽 팔꿈치에 더덕더덕 붙어있는 근육을 많이 써서 생긴다. 어떻게 하면 이 근육들을 덜 쓰면서 더 보내고 타수를 줄일 수 있을까. 아마추어들이 가장 부상을 많이 당하는 메커니즘은 백스윙 탑에서 다운스윙할 때 너무 급격하게 왼쪽 팔꿈치에 힘을 주면서 내려오는 것이다. 이때 팔꿈치에 부하를 줄이면서도 오히려 거리를 늘리는 방법이 바로 날갯죽지 근육을 이용하는 것이다.

실제 프로 골퍼들의 스윙을 분석한 연구를 보면 다운스윙 때 가장 많은 활성도를 보이는 근육은 대흉근(큰가슴근, pectoralis major), 견갑하근(어깨밑근, subscapularis), 광배근(넓은 등근, latissimus dorsi) 등이다. 가슴과 견갑골에 붙어서 팔을 몸통에 잡아주고 있는 근육들이지 팔꿈치 근육들이 아니다. 어깨를 감싸는 근육들을 많이 쓰게 되므로 제대로 된 메카닉스를 가진 골퍼라면 팔꿈치 손상보다 어깨 손상이 더 많다.

겨드랑이 아래 갈비뼈 위에 붙어있는 근육은 소위 갈매기살이라고 알려져 있는데(실제로는 광배근, 고기집에서 파는 갈매기살은 횡경막 근육이다.) 이 근육을 이용해서 다운스윙을 시작한다. 초기 다운스윙은 골반이나 하체의 움직임이 만들어야겠지만 그 다음 힘이 상체로 전달되면서 상체의 시작은 팔꿈치 근육이 아니라 가슴과 가슴에 붙어서 어깨를 잡고 있는 근육이 시작해야 하는 것이다. 백스윙을 하면서 왼쪽 팔을 가슴에 붙이면서 백스윙 탑에서 밀착된다. 이후 허리나 골반 또는 다리 등 하체가 리드하는 다운스윙이 시작되면서 팔꿈치 근육은 쓰지 않고 이 가슴에 붙어 있는 갈매기살을 이용해서 팔을 돌리는 것이다.

조금 과장하자면 팔은 몸통에 붙어 있는 인형팔이라고 생각하고 이 몸통 근육으로 다운스윙하며 임팩트한다면 훨씬 힘도 덜 들면서 거리도 많이 나게 된다. 팔은 몸통에 붙어 있는 인형팔이므로 힘을 쓰지 않고 하체와 몸통의 근육(광배근)에 의해 수동적으로 조종되는 나무토막이라고 생각하라. 좀 더 힘이 빠지면서 스윙 스피드는 늘어난다. 타이거 우즈의 가슴 옆 훌륭한 광배근이 움직이는 비디오를 몇 차례 보면 더 이해하기 쉽다. 계속 보고 있으면 나중에는 광배근으로만 치는 것 같다.

엘보를 줄이려면 팔을 가슴에 붙여라

테니스 엘보든 골프 엘보든 팔꿈치 통증은 류마티스 관절염이 아니라면 대개 원인은 하나이다. 팔꿈치 근육을 많이 또는 잘못 사용해서 생기는 것이다. 치료는 이 근육을 적게 쓰는 것이겠지만 그렇다고 무거운 클럽을 힘 있게 휘두르지 않고서 무슨 골프를 할 수 있겠는가? 효과적인 해결책은 팔을 몸통에 붙이고 몸통과 가슴으로 팔을 조정하는 것이다. 양쪽 팔, 좀 더 정확히 얘기하면 상완(위쪽 팔)을 가슴 양쪽 늑골 부위를 살짝 조일 정도로 붙여준다(어떤 선수는 왼쪽 팔만 붙이기도 한다). 물론 백스윙을 크게 하면 백스윙 탑에서는 팔이 가슴에서 떨어질 수밖에 없다.

드라이버 스윙 때 너무 팔을 가슴에 붙여놓고 백스윙을 하면 아크가 작아지고 훅(hook)이 나기 십상이니 조심해야 한다. 다시 다운스윙을 하면서 이 팔을 가슴에 붙여주는 자세로 돌아오면서 손목에 힘을 주지 않고 가슴으로 공을 칠 수 있다. 이렇게 큰 근육을 쓰면 오히려 체중도 잘 전달되고 공의 임팩트도 더 정확해진다. 손목에 쓸데없이 힘이 들어가면서 엎어치고 잡아당기는 것도 당연히 줄어들게 된다. 티칭 프로들이 수건을 겨드랑이에 끼고 떨어지지 않게 스윙 연습을 하라는 것도 이러한 맥락이다.

큰 키에도 매우 안정된 원 플레인 스윙을 자랑하는 맷 쿠차 선수를 보면 이를 아주 명확히 볼 수 있다. 천천히 숨을 고르고 집중을 하는 어드레스의 마지막 단계에서 상완을 단단히 가슴에 붙이고 조여줌과 동시에 백스윙을 시작한다. 백스윙 탑에서 잠시 떨어지긴 해도 다시 단단히 바짝 붙으면서 일체감 있게 임팩트를 한다. 매우 간결하고 멋진 스윙이 아닐 수 없다. 아이언이든 드라이버든 모든 것이 매한가지다.

팔을 가슴에 붙일 땐 리듬을 타라

가슴을 팔에 붙여주어야 회전 시에 몸통과 일체감(Integrity)이 생기고 안정감이 더해져서 일관성도 올라간다. 문제는 백스윙 탑에서 열심히 들어올렸던 팔을 억지로 끌어내려서 가슴에 마구 당겨주면 안 된다는 것이다. 리듬을 탄다면 자연스럽게 붙을 수밖에 없다.

앞서 어깨 부상을 설명했던 내용과 같이 원하는 백스윙 탑에 도달하기 전에 왼쪽 발로 땅을 밟아주면서 체중이동을 시작하면 자연히 몸통도 따라가게 된다. 팔은 뒤로 가고 몸통은 앞으로 회전을 시작하니 서로 안 붙을 수가 없다. 이 상태가 되고나면 팔을 억지로 당겨서 열심히(actively) 몸통에 안 붙여도 일체감 있게 밀착되면서 몸통을 따라 팔이 수동적(passively)으로 다운스윙과 회전을 이루기 시작하게 된다.

이때의 느낌을 어떤 프로는 중력에 맡기고 중력이 끌어당기는 느낌이라고 말한다. 어려운 소리 같지만 간단히 말해 자연스럽고 무리가 안 간다는 얘기다. 이 상태가 되면 스윙은 부드러워지고 엘보에 무리가 덜 가면서 골프가 진짜로 재미있어지기 시작한다.

퍼팅 때도 일관성을 유지하려면

퍼팅에서는 어드레스 때부터 팔이 몸통에서 떨어지게 자세를 잡기도 한다. 퍼팅도 오른쪽 팔을 상체에 단단히 붙이는 것을 강조하는 프로도 있고 왼쪽 팔을 붙여야 더 좋다고 주장하는 프로가 있다. 모두 같은 맥락의 일관성을 높이는 전략이다.

 퍼팅은 하체가 돌고 몸이 흔들리는 스윙이 아니기 때문에 팔과 몸통이 일체감 있게 돌아야 할 필요가 없다고 주장하는 프로도 있다. 박성현 선수도 한때 팔을 몸에서 많이 떨어뜨리고 퍼팅하기도 했다. 그래도 일관성을 유지하기 위해서 팔을 오각형으로 안정되게 유지하는 모습을 볼 수 있다.

 퍼팅 시 팔을 몸에 붙이면 추운 날 두꺼운 옷을 입었거나 배가 많이 나오신 분들은 스윙 시에 많이 걸리거나 불편감을 느끼기에 팔을 떼어놓고 치는 경우들이 있다. 배에 걸린다면 조금 앞으로 팔을 내밀든가 상완의 반만 붙이든가 해야지 완전히 떼어놓고 스윙을 하면 일관성이 떨어질 수밖에 없다. 퍼팅이든 드라이버든 몸에 붙이려고 노력하는 게 아마추어에게는 일관성 면에서 가장 유리하다.

   팔을 몸통에 붙이는 스윙은 엘보를 줄여주기도 하지만 또 하나의 장점은 백스윙 궤도를 크게 신경 쓰지 않아도 된다는 것이다. 백스윙 때 자연스럽게 떨어졌던 팔도 임팩트 때 가슴에 붙어있던 자세로 돌아오게 되면 다운스윙 때 몸 안쪽의 플레인 궤도를 따라서 내려오게 된다. 몸통에 상완을 붙인다는 것이 정말 중요한 개념이 아닐 수 없다.

의학적 해결책

심한 외상과염이 한 번 발생했다면 스윙 메카닉스를 체크해서 바꿔야 하겠지만 잘 교정했다고 다시 클럽을 빨리 잡고 휘두르면 안 된다. 우선 치료 및 재활을 하고서 염증을 가라앉히지 않고 휘두른다면 스윙이 좋아졌더라도 사소한 염증이 힘줄에 자꾸 쌓인다. 티끌 모아 태산이라고 작은 염증들이 쌓여서 삶의 장애까지 일으킬 수 있다.

   우선 초기엔 쉬어줘야 하는데 깁스까지 할 필요는 없다. 팔꿈치 통증으로 골절되는 경우 이외에 깁스를 하는 경우는 별로 없다. 잘 굳는 관절이므로 통증이 허용하는 한 천천히 그러면서 빨리 움직이는 것이 좋다. 수일 내지 1주일 안에 여러 치료를 통해 통증을 가라앉히고 물리치료를 병행하면서 팔꿈치 재활운동을 해야한다.

빨리 통증을 가라앉힌 다음에는 팔을 내회전 외회전 (supination, pronation)하는 근육, 즉 문고리를 잡고 문을 열고 닫는 동작을 할 때 쓰는 근육을 강화시켜줘야 한다. 이후 팔목(팔꿈치 힘줄은 팔목을 조정하는 근육이므로)을 구부리고 펴는 근육의 스트레칭과 근력강화를 조심해서 천천히 시행한다. 총 4~6주에 걸쳐 재활 스케줄을 인내심을 갖고 천천히 시행해야 한다. 며칠 있다가 통증이 좀 가라앉았다고 다시 골프채를 휘두르면 결국 단순한 근육 힘줄의 손상이 평생을 괴롭히는 불치의 병이 될 수가 있다.

팔꿈치를 살짝 부드럽게 잘 접고 펴라

어드레스 때 팔꿈치를 쫙 단단히 펴주면서 어드레스하는 분들이 많다. 프로들 자세를 앞에서 보면 양쪽 팔꿈치가 완전히 멋지게 펴져 있는 것처럼 보이지만 실상은 그렇지 않은 경우도 많다는 점은 앞에서 설명한 바 있다. 왼쪽 엘보는 펴야 하지만(왼쪽도 살짝 자연스럽게 구부리는 프로도 많다) 오른쪽 엘보까지 단단히 펼 필요는 없다. 오히려 자연스럽게 살짝 구부리는 게 낫다. 오른쪽 팔이 어느 정도 여유로워야 왼쪽 팔을 확 당기면서 엎어치는 것도 줄어든다.

실제 PGA 투어 프로 슬로우 모션을 보면 오른쪽 팔꿈치는 공을 맞추고나서 그제서야 자연스럽게 펴지면서 쭉 던져지는 것을 볼 수 있다. 어드레스 때 단단히 펴면 폼이 경직되고 백스윙했다가 다시 내려오면서 열심히 펴주려다 보면 오른쪽 팔꿈치 내측 근육에 무리만 가고 엎어치게 된다. 어드레스 때 오른쪽 팔꿈치를 단단히 폈다가 백스윙 때 구부리고 다시 이 자세로 돌아오려고 하면 캐스팅이 되며 뒤땅을 치기 쉽다. 이 자세로 뒤땅이라도 치는 날이나 날씨 추운데 얼어가는 지면을 건드리게 되면 근육은 찢어지게 된다.

프로들이 손목 코킹을 펴지 않고 끝까지 끌고 내려오는데 이는 프로만이 가진 무시무시한 근육 힘이나 마술적 능력이 아니다. 오른쪽 팔꿈치를 살짝 구부리고 올렸다가 자연스럽게 구부리면서 내려오면 이런 래깅(lagging)을 구사하기 쉬워진다. 사람이 일상을 사는 데도 너무 자존심 세우지 말고 살짝 구부리고 겸손해야 하는 것처럼 팔꿈치를 계속 쫙 펴고만 있으면 다치기 쉽다.

팔꿈치를 살짝 부드럽게 잘 접고 치더라도 공을 맞힐 때 오른쪽 팔꿈치를 쫙 펴면서 임팩트가 이루어지려고 하면 힘이 과도하게 가해지게 된다. 오른쪽 팔꿈치는 공에 맞고나서 팔로우 스루 때 그제서야 펴져야 한다. 오른쪽 팔꿈치를 살짝 구부리면서 여유 있게 휘둘러보자. 스윙도 한결 여유롭고 부드러워진다. 프로들이 공을 치면서 팔이 쭉 펴지는 멋진 비디오를 연출해 내는데 공을 칠 때 약간 구부려 있던 팔꿈치가 공을 쓸고 나가면서 원심력에 의해 그제서야 팔꿈치가 쫙 펴지게 되는 것이다. 부상도 줄면서 좀 더 간지나는 스윙을 할 수 있다. 새로운 스윙의 세계가 열린다.

디셈보도 오른쪽 팔꿈치는 자연스럽게 구부린다

2018 플레이 오프에서 연승하면서 주가를 올렸던 브라이슨 디셈보 선수를 보자. 얼핏 보면 고교동창 골프최강전을 보는 듯한 스윙 폼인 것 같지만 필드의 물리학자라는 별명이 있을 만큼 과학적인 분석과 사고로 스윙에 대해 매우 고심하는 선수다.

이 선수의 인터뷰나 책을 보면 많이 강조하는 단어가 컨시스턴시(consistency)다. 우리말로 번역하면 '일관된 경기력'이라고나 할까. 골프는 하루 하루 다르고 오전 오후 다르다. 이만큼 일관성을 유지하기 힘든 경기도 많지 않을 것이다. 세계랭킹 1위가 10위 안에도 못 드는 경기가 더 많을 정도다. 치열한 메이저 대회에서 우승한 PGA 최상위 프로가 다음주 경기에서 컷탈락하는 것이 드물지 않다. 일관성이 결여되고 흔들리는 것을 본인의 물리학적 지식으로 어떻게든 줄여보려고 노력하는 선수가 디셈보다.

괴짜 선수라고 무시하지 말고 이 선수를 자세히 보고 연구할 필요가 있다. 자세히 볼수록 폼이 뭔가 기존 관습에 어긋나보이긴 한다. 어쩔 때는 연세 많으신 주말 골퍼의 폼 같아 보이기도 한다. 왼쪽 팔은 쭉 뻗고 어깨를 살짝 올려서 왼쪽 축을 단단히 일관성 있게 유지한다. 퍼터를 할 때도 마찬가지 원칙이 적용된다. 퍼터를 왼쪽 팔 내측에 견고하게 붙이면서 왼쪽 팔꿈치를 편다.

  모두 일관성을 좀 더 높이기 위한 시도로 보인다. 그러면서도 좀 더 보면 오른쪽 팔꿈치는 자연스럽게 굽힌다. 어찌 생각하면 왼쪽 오른쪽 쫙 뻗어줘서 단단히 펴줘야 일관성이 더 높아지는 게 아닐까 하는 생각도 하게 된다. 그 또한 디셈보 선수가 고민했을 것이다. 양쪽 팔을 다 같이 뻗으면 일관성이 높아질 수 있을지 몰라도 과다한 힘과 스트레스가 오른쪽 팔에 가해지고 볼 히팅할 때 컨트롤 능력은 떨어진다. 오른쪽 팔꿈치는 일관성을 최고로 추구하는 디셈보 선수조차도 자연스럽게 힘 빼고 구부린다는 점을 기억할 필요가 있다.

> **스테로이드의 사용**
>
> 요즘 환자들은 인터넷이나 기사 등을 통해서 고급 의학 정보를 쉽게 접한다. 장점도 있지만 단점도 많다. 단면적인 기사 등에 현혹되고 편견에 사로잡히기 쉽다. 스테로이드 사용과 관련해서 고관절 골두 괴사 등 무서운 합병증이 일어났다는 보고도 많고 유명 스포츠 선수가 언론에 대서특필 되기도 한다. 우리나라에서도 어떤 의원에서 몇 명의 스테로이드 부작용 환자가 보고되고 연일 아홉시 뉴스 헤드라인을 장식했던 때도 있다. 그래서인지 요즘 스테로이드는 일반인에게 살 썩는 약으로 인식되기도 한다.

세상의 모든 이치가 그렇듯이 스테로이드란 약을 사용하는 것은 양날의 검이 될 수 있다. 사실 흥분을 진정시키고 바라보면 스테로이드만큼 사람을 많이 살린 약도 없다. 심혈관계가 무너지는 쇼크 상태나 콩팥과 간이 급속히 망가져갈 때 많은 도움을 준다. 근육이나 인대의 염증을 이만큼 빨리 가라앉혀주는 약도 별로 없다. 다만 힘줄이나 인대 조직에 직접 주사를 놓거나 과도하게 사용하였을 때 문제가 될 수 있다.

쉬면서 재활치료를 하는 시기에 다른 방법으로 부기와 통증이 잘 가라앉지 않을 때 적절히 투여하여 재활을 촉진할 수 있다. 이때 주사를 맞고 많이 증상이 가라앉으면 선수나 골퍼들이 질환이 다 나은 줄 착각하여 너무 빨리 무리해서 운동을 재개하면 몸에 무리가 갈 수 있다. 과거에는 다가오는 중요한 시합을 준비한답시고 스테로이드 주사를 맞고 빨리 가라앉힌 후에 무리해서 운동하다가 힘줄에 더 손상이 가거나 끊어져 운동 생활을 접어야 하는 경우도 꽤 많았다.

길게 재활을 할 때 조심스럽게 적절히 쓰면 명약이 될 수 있겠으나 조급한 마음에 무리하다가는 독약이 되는 것이다. 스테로이드는 담당의사와 잘 상의해서 조심스럽게 사용한다면 좋은 치료의 촉매제가 될 수 있다.

5장 - 손과 손목 다치지 않는 골프

골프는 거짓말처럼 간단하면서도 끝없이 복잡하다.
– 아놀드 파머

열심히 하는 골퍼의 손과 손목이 위험하다

골프를 즐길 때 손목이 정말로 중요한 역할을 한다는 데에는 큰 이의가 없다. 손목의 움직임은 코킹과 릴리즈 때 많이 다뤄지긴 해도 다행히 손목에 심각하고 큰 부상이 생기는 일은 많지는 않다. 다만 다양하고 자질구레한 통증과 불편까지 감안하면 상당히 많은 골퍼들을 괴롭히는 것은 역시 손목의 문제다. 손목 부상은 역시 많이 연습하고 많이 휘둘렀을 때 손목 주변의 힘줄에 무리가 가면서 발생하는 경우가 대부분이다.

하루 200개 이상의 공을 치게 되면 손목의 힘줄에 염증이 발생할 위험도가 많이 증가한다. 양쪽 손목 힘줄 중에서 왼쪽 손목이 리드하다보니 아무래도 오른쪽보다 왼쪽 손목에 힘줄염이 많이 발생한다. 왼쪽(리드하는 손목) 중에서도 특히 척측(새끼손가락 쪽)의 손목 힘줄을 다치기 쉽다. 새끼손가락 쪽에서 손목을 들어올려주는 힘줄인 척측 수근신근(Extensor carpi ulnaris)에 염증이 생기거나 조금 찢어지면서 힘줄이 궤도를 이탈(subluxation)하기도 한다.

이렇게 되면 손목을 옆으로 꺾을 때 뚝뚝 소리가 나면서 튀거나 아파진다. 두껍게 맞으면서(hitting a fat shot) 소위 잔디 뗏장을 많이 뜨게 된 후 아픔을 호소한다. 물론 딱딱한 바닥에서 공을 쳤을 때는 더욱 손목에 충격이 가지만 매트 위에서 공을 쳤을 때도 상당한 충격이 갈 수 있다. 손목의 포지션을 바꾸는 등 자세교정 중에도 다칠 수 있다. 나무 뿌리 근처를 쳤다가 힘줄을 싸고 있는 막이 찢어지며 탈구되는 사건이 발생하기도 한다. 이때는 수술까지 필요한 경우도 있다.

드쿼벵 증후군을 아십니까

왼쪽의 엄지손가락 쪽 팔목이 아프다면 드쿼벵 증후군(DeQuervain disease)인 경우가 많다. 손목을 많이 사용하는 주부들에도 많고 연습을 많이 할 때 무리한 코킹을 하면서 클럽을 들어올릴 때 힘줄에 무리가 가면서 아파진다. 그외에도 손목 주위의 힘줄은 언제 어디서나 불편한 염증을 일으킬 수 있지만 대부분 운동량을 조절하고 얼음찜질을 해주면서 쉬면 조절이 된다.

골절 등 심각한 손상이 아니라면 손목 때문에 운동을 쉬는 경우는 많지 않다. 투어프로의 경우 1년 365일 중에 100일 정도 경기에 참여하고 50일 정도 외지에서 훈련하고 140일 정도는 집 근처에서 훈련하는 스케줄을 소화하는 것으로 보고된다. 이런 스케줄로는 어떤 부상이 발생하더라도 거의 치료할 겨를 없이 아픈 채로 1년을 돌아다니며 훈련과 경기에 참여하는 셈이다.

손목이 불편해도 참고 다니는 선수가 세 명 중 한 명이 넘는다는 보고도 있다. 또 프로들은 공을 일정한 거리로 날리더라도 그곳에서 스핀을 걸어 볼을 세워야 하므로 디봇을 만들며 뗏장을 크게 떼어내는 샷을 많이 한다. 아마추어보다 많은 손목 손상에 시달리고 주로 왼쪽(오른손잡이의 경우) 손목에 90퍼센트 정도 발생한다.

손목 손상의 메커니즘

왼쪽 손목은 어드레스, 백스윙, 다운스윙, 임팩트, 팔로 스루 등 모든 스윙 단계에 걸쳐서 오른쪽 손목보다 움직임이 많다. 어드레스 때 손목이 새끼손가락 쪽으로 꺾였다가 백스윙 탑에서 코킹되면서 엄지손가락 쪽으로 많이 꺾인 후에 다시 임팩트 때 새끼손가락 쪽으로 꺾인다. 새끼손가락 쪽으로 꺾일 때 디봇을 만들며 땅을 치게 되면 스트레스가 손목에 더 많이 전달되게 된다.

 오른쪽 손목은 비교적 자연스럽게 스윙 동작 여러 단계에 걸쳐서 구부렸다 펴지는 운동을 하게 되며 그 운동 범위도 왼쪽에 비해 작다. 이 스윙 메카닉스를 보면 왜 왼쪽에 힘줄이나 관절 문제가 많은지를 알 수 있다. 왼쪽 손목을 새끼손가락 쪽으로 구부리는 힘줄이 작동하면서 임팩트를 하려는데 딱딱한 나무뿌리나 땅을 치게 되면 근육과 힘줄이 확 수축하고 클럽이 갑작스럽게 움직임이 막히고 감속되면서 무리가 간다. 힘줄은 수축되면서 움직이려하는데 땅이 못 가게 막으니 힘줄 자신이 자신을 뜯어먹는 손상이 발생하는 것이다. 이런 과정으로 심한 통증을 동반한 부상이 발생한다.

    실질적 손상이 생겼다면 깁스를 해서 쉬어주기도 하고 손상이 심하면 빨리 수술해서 주변조직을 꿰매주기도 하는데 한번 찢어지면 이러나 저러나 2~3개월 이상은 골프를 쉬어야 한다. 프로들은 나무뿌리를 치거나 디봇을 만들면서 무리가 가게 되지만, 아마추어들은 뒤땅을 치면서 손목에 무리가 간다. LPGA에서 정교하기로 유명한 박성현 선수도 가끔 뒤땅을 칠 때가 있는데 아마추어는 오죽 하겠는가? 코킹을 오래 유지하고 부드럽게 쳐야 뒤땅을 줄일 수 있다. 아마추어는 그립이 프로처럼 단단하지 못해서 뒤땅쳐도 별로 안 다친다는 우스갯 소리도 있지만 말이다.

손등의 통증, 힘줄염을 줄이는 그립

왼손 그립만 생각해보자. 위크 그립(Weak grip), 중립 그립(Neutral grip), 스트롱 그립(Strong grip) 등 크게 세 가지로 나눌 수 있다. 여러 티칭 프로들이 가르칠 때 각각의 장단점 등을 설명하고 정답이 없다고들 이야기 한다. 손목 힘줄염에 관한 의학적 측면에서 보면 정답이 있다. 왼손을 충분히 돌려서 잡는 스트롱 그립을 해야 한다.

    위크 그립이나 중립 그립으로 아마추어가 임팩트 시에 플

랫한 손목으로 솔리드하게 공을 쳐내기는 힘들다. 또한 땅을 세게 쳤을 경우에 손등 힘줄에 부상의 위험이 커진다. 어드레스 때에 위크 그립이나 중립 그립으로 자세를 취했다가 임팩트 때 손목을 당겨서 공을 맞출 때 스퀘어로 만들어주기가 아마추어에게는 힘도 더 들고 매우 어렵다. 의학적으로, 부상을 줄이기 위해 힘이 모자란 아마추어에겐 스트롱 그립이 답이다.

그렇다고 모든 손으로 스트롱하게 꽉 잡으라는 것은 아니다. 스트롱 그립은 왼쪽 손에만 해당한다. 오른쪽 그립은 힘이 많이 들어가면 안 된다. 다음에 나오는 내용이지만 오른쪽 검지 손가락은 클럽이 크게 흔들리거나 처지는 것을 막아주는 수동적인 역할에 만족해야 한다. 꽉 잡고 있다가 능동적으로 손목 등을 움직이는 데 사용하면 아마추어는 힘 빼기가 힘들고 일관성이 떨어지게 된다.

포워드 프레스와 헨릭 스텐손

손목과 손의 힘을 빼고 백스윙을 좀 더 부드럽게 하는 방법 중의 하나가 포워드 프레싱(Forward pressing)이다. 가만히 있다가 클럽을 뒤로 들어올리는 게 아니라 손을 앞으로 약간 공보다 앞으로 움직이는 효과를 낸다. 팔씨름을 할 때도 신호가 올리면 바로 힘 쓰는 것보다 살짝 손목을 구부려서 사용하는 근육을 구부려주면 좀 더 파워를 내기가 쉽다. 사용하는 근육의 사용을 촉진하는 일종의 방아쇠라고 할 수 있다.

백스윙 시 팔씨름처럼 폭발적인 힘으로 마구 휘두르는 것은 아니지만 근육이 움직이고자 하는 방향으로 초기에 그 근육을 수축시켜주어 사용 근육의 길이를 줄여주면 원래 방향의 근육이 더욱 활성화된다. 백스윙 시에 클럽을 정적인 상태로 공 뒤에 놓았다가 가만히 들어올리면 클럽 무게도 더 무겁고 몸의 근육에 더욱 스트레스가 걸린다. 앞으로 살짝 손이나 클럽을 눌렀다가 백스윙을 시작하면 이러한 효과를 낼 수 있다. 사실 포워드 프레스를 하지 않는 선수도 있지만 아마추어나 팔꿈치 부상으로 고생하는 사람은 앞으로 살짝 누르는(forward press) 이 동작이 많은 도움을 줄 수 있으니 하는 것이 훨씬 유리하다.

한 가지 더 유리한 점은 포워드 프레스를 통해 공보다 손이 약간 앞에 높이게 되어 실제 볼의 타격 시의 위치와 비슷한 자세가 되어 좀 더 임팩트 순간을 머리에 새길 수 있게 된다. 포워드 프레스를 함으로써 스윙의 템포가 좋아진다고 얘기하는 골퍼도 있다. 왼쪽 손목이 꺾이면서 스윙 시에 손목에 과도한 힘을 쓰면서 잡아채는 훅이 나는 것을 막아주는 효과도 있을 수 있다.

스웨덴의 영웅 헨릭 스텐손 선수는 키 크고 잘생긴 외모뿐 아니라 골프 선글래스 사업을 하는 것으로도 유명하다.

이 선수는 포워드 프레싱을 팔로만 하는 게 아니라 아예 몸 전체를 움찔하면서 살짝 앞으로 움직였다가 백스윙을 시작한다. 아마추어가 이렇게 했다간 몸이 흔들리고 중심이 틀어져버리기 십상이니 이걸 따라하라는 이야기가 아니다. 그는 근육의 움직임 초기에 살짝 움직여주는 것이 다른 모든 근육의 활성화에 도움이 되고 부상도 줄인다는 사례를 보여준다.

필 미켈슨은 퍼팅을 할 때도 포워드 프레스를 많이 한다. 다른 프로들도 자세히 보면 조금씩은 하는 선수들이 더 많다. 프로가 힘이 없어서 힘 덜 쓸려고 포워드 프레싱을 하는 것이라기보다는 근육을 좀 더 부드럽게 쓰기 위해서 하는 것이다. 하물며 힘 없는 아마추어에게는 이러한 포워드 프레스가 선택이 아닌 필수다.

손목 주변 힘줄에 부상을 줄이는 백스윙

골프를 처음 배울 때는 백스윙을 시작하면서 뒤로 빼면서 무릎까지 손을 보내고 이후에 천천히 코킹에 들어가라고 배운다. 무거운 클럽을 멀리 백스윙을 하면서 손목을 꺾는다면 손목의 힘줄에 무리가 간다. 손에 뭐라도 들고 멀리 뺀 후에 손목을 뒤로 꺾으면 골프클럽이 아닌 무엇을 들더라도 힘줄에 무리가 간다. 앞서 이야기한 드퀘벵 증후군(DeQuervain's disease) 힘줄염이 생기는 메커니즘도 이것이다. 코킹을 늦게 하면서 뒤로 빼주면 스윙의 아크는 커질지 몰라도 스윙이 간결하고 깔끔해지지 않는다. 힘줄의 부담을 줄이면서 스윙을 좀 더 간결하게 하는 방법을 알아보자.

그립을 잘 잡았다고 가정했을 때 왼팔을 뻗으면서 그립을 왼쪽 손바닥으로 지그시 누르면 자연스럽게 클럽이 들리면서 살짝 코킹이 된다. 그립을 손바닥 통통한 살을 이용해서, 너무 세게 말고 부드럽게 지그시 누르면서 백스윙을 시작해 보자. 자연스럽게 클럽이 들리면서 손목 힘줄에 무리가 안 가면서 깔끔한 스윙을 할 수 있다.

손바닥으로 그립을 지그시 누름과 동시에 코킹을 좀 더 일찍 해보자. 손을 뒤로 빼고 무릎까지 간 다음에 코킹을 시작하면 손목에 무리도 더 올 뿐더러 쓸데없이 몸에 힘이 들어가면서 엎어치는 샷이 나올 수 있다. 스윙도 좀 더 간결해지고 체중이동 시에 쓸데없는 스웨이도 줄어들게 될 것이다. 손목 힘줄염이 있는 사람은 코킹하지 말라는 얘기를 하는 프로도 있으나 코킹은 부드럽게 그러면서 조금 빨리 시작해야 오히려 부담을 줄인다.

백스윙 탑에서 손목의 힘을 살짝 빼면서 클럽을 뒤로 약간 눕혀주면서 다운스윙을 한다. 이 자세는 손목과 팔꿈치의 엘보에 부담을 줄여주면서도 임팩트 때 더욱 큰 힘을 전달할 수 있다.

샬로잉은 리듬을 타고 자연스럽게

프로들이 강조하는 것 중에 아마추어들이 이해하고 따라하기 힘든 개념이 많다. 그중에서도 아마추어들을 가장 혼돈에 빠뜨리는 것은 샬로잉(shallowing)이라는 개념이다. 백스윙 탑에서 클럽 헤드를 살짝 낮추거나 뒤로 눕혀주면서 다운스윙을 시작하는 것이다. 이렇게 하면 손목이나 팔에 힘도 덜 들어가니 힘 있게 치다가 엘보에 걸린 아마추어라면 귀가 솔깃해진다. 힘이 덜 들면서 거리도 많이 난다니 거의 무림의 비법이나 마술 같은 기술이 아닐 수 없다. 그러나 처음부터 이것을 많이 의식하면서 따라하면 스윙의 템포도 이상해지고 제대로 공을 맞추기도 힘들어져 포기하는 수가 많다. 포기하고 다시 나름대로의 길을 꿋꿋이 가면 되겠지만 사실 이것을 하지 않고 로우 핸디캐퍼가 되는 일은 쉽지 않다.

사실 샬로잉을 의식하지 않더라도 힘 빼고 다운스윙 할 때 엎어치지 않는다면 많게든 적게든 조금씩은 약간의 샬로잉이 나타나게 된다. 프로들이 상당히 닮고 싶어하는 PGA 스타 중에 저스틴 로즈의 스윙을 보면 이 샬로잉이 어떻게 이루어지는지 알 수 있다. 정상 스윙 시에는 너무 빠르게 휘둘러서 잘 구분이 가지 않지만 공을 치기 전 천천히 연습스윙하는 것을 보면 뚜렷이 보인다.

백스윙을 천천히 어느 궤도를 따라 올렸는데 클럽이 내려올 때는 이 궤도보다 상당히 낮게 내려온다. 빠른 스윙을 할 때는 스윙이 똑바로 올라갔다가 바로 그 궤도를 따라서 내려오는 것 같이 느껴질 수 있다. 천천히 도는 스윙을 보면 올라갔던 궤도를 그대로 따라 내려오는 탑 랭킹 골퍼는 거의 없다고 해도 과언이 아니다. 원 플레인 스윙이라고 하더라도 내려올 때는 살짝 뒤로 낮게 내려오게 되는 것이다. 미우주항공국 나사처럼 세계적인 사람이 되라고 부모님이 이름지어 주셨다는 일본의 유망주 하타오카 나사의 스윙도 백스윙 탑에서 클럽을 떨어뜨리지는 않더라도 살짝 비틀어서 헤드를 눕혀주는 것을 볼 수 있다.

　이를 아마추어들이 따라하려면 어떻게 해야 하나? 저스틴 로즈보다는 축구선수 베베토의 세레모니를 기억하면 좀 더 쉽게 따라할 수 있다. 예전 브라질 축구의 레전드 베베토를 기억하는 축구팬들이 있을 것이다. 축구 잘해서 유명하기도 하지만 골세레머니 때 두 팔을 앞으로 모아서 좌우로 흔들어 애기를 달래는 동작을 해서 더 유명해졌다. 백스윙으로 올렸다가 오른쪽 팔을 약간 안쪽으로 틀어준다. 팔을 아기 달래는 듯한 세레머니 자세로 바꾸면서 다운스윙을 하면 이 샬로잉이 좀 더 자연스럽고 어색하지 않게 이루어진다. 그렇다고 다운스윙의 시작을 이 팔로 리드해선 안 된다. 엄연히 다운스윙은 왼쪽 골반이나 하체가 리드하면서 시작되어야 한다.

　왼쪽 골반을 튕기면서 돌려주면 자연히 상체는 오른쪽으로 기울면서 자연스럽게 샬로잉이 되므로 굳이 이런 개념에 신경 쓰거나 강조하지 않는 프로도 많다. 따로 공부 안 해도 자연스럽게 다운스윙이 되는 골퍼들도 많아서 샬로잉이니 뭐니 이런 이름을 붙여서 이야기하는 것을 싫어하는 것이다. 사실 팔에 힘을 빼고 하체가 다운스윙을 리딩하면서 왼쪽 발이 땅을 구르며 체중을 이동하면 허리가 왼쪽으로 살짝 구부러지며, 자연스럽게 또는 어쩌면 어쩔 수 없이 살짝 클럽 헤드가 샬로잉이 된다. 크게 신경 쓰지 않아도 다운스윙이 자연스럽게 그렇게 된다는 것이다.

샬로잉은 대부분의 아마추어가 힘들어 하는 동작으로 이것만 따로 떼어내서 생각해보고 신경 써보는 것은 매우 의미가 있다. 특히 팔에 힘이 자꾸 들어가고 땡겨치고 엎어지는 스윙이 자주 나오는 골퍼라면 이 개념에 신경 써서 샷을 점검해볼 필요가 분명히 있다. 억지로라도 샬로잉을 하다보면 엎어치고 잡아당겨치고 싶어도 그게 잘 되지 않는다.

오른쪽 팔을 베베토를 생각하며 살짝 돌리면 오른쪽 상완이 몸에 자연스럽게 붙게 되는 효과도 있으므로 스윙이 좀 더 안정되고 코킹도 늦게 풀리는 효과도 따라온다. 베베토 선수를 좋아하지 않는 골퍼라면 이런 비슷한 동작에 자기 나름대로의 느낌을 살려서 새로운 이름을 붙여보는 것도 좋겠다.

저스틴 로즈의 스윙을 한 번 더 살펴보면, 샬로잉이 자연스럽고 우아하게 이루어지는 걸 볼 수 있다. 그의 스윙을 보면 테이크백하면서 백스윙할 때 백스윙 탑에 도달하기 전에 왼쪽 하지의 움직임이 시작되는 것을 볼 수 있다. 팔은 아직 뒤로 가고 있는데 몸은 살짝 앞으로 이미 출발한다. 일본의 최상위 골퍼 마쓰야마 히데키 선수가 백스윙 탑을 완전히 만들어준 후 그제서야 체중이동이 앞으로 되면서 하체가 리드하는 것과는 사뭇 다르다.

저스틴의 스윙을 따라해보면 좀 더 리듬 있게 움직이고 몸이 먼저 가면서 큰 힘을 들이지 않고 팔이 하체를 따라오게 되는데 이런 리듬을 타게 되면 따라오는 팔은 어쩔 수 없이 자연스럽게 다운되면서 부드러운 샬로잉이 저절로 된다. 부드러운 리듬을 타야 팔 부위에 과도하게 힘이 쏠리는 것을 막아 부상을 줄이고 거리도 늘릴 수 있다. 탑에서 멈추었다가 다시 내려오는 마쓰야마의 스윙을 어줍잖게 아마추어가 따라해서는 백스윙 탑에서 다운스윙 전환 시 과도한 힘이 걸리게 되고 부상에 노출되게 된다.

컵핑은 힘줄의 염증을 부른다

백스윙을 하면서 왼쪽 손목이 탑에 올라갔을 때 손목의 자세는 어떻게 해야 하는가? 말도 많고 탈도 많다. 크게 나누면, 손목을 중간에 놓거나, 손바닥 쪽으로 구부리거나 손등 쪽으로 들어올리는 등 세 가지 자세가 있다. 무엇이 좋은지에 대해서는 논란이 있겠지만 여기서도 의학적인 견지에서 답을 내자면 중간의 중립 위치에 놓는 자세가 손목 주변 힘줄의 부담이 가장 덜한 안정적인 자세다. 손등쪽으로 젖혀지는 것을 컵 모양으로 구부린다고 컵핑(cupping)이라고 하는데 이는 가장 피해야 할 자세다. 일관성으로 유명한 브라이슨 디셈보 선수는 아예 셋업자세부터 안쪽으로 손목을 꺾어주고 (bowing, 컵핑의 반대방향) 스윙 내내 그 손목 모양을 유지해주는 것을 볼 수 있다.

손목 코킹할 때 엄지손가락 쪽으로 손목이 꺾여야 하는데 늦게 골프를 시작한 아마추어들은 이 움직임이 뻣뻣하고 줄어들기 때문에 잘 되지 않으면 그에 대한 보상작용으로 손목을 뒤로 젖힌다. 손목이 뒤로 젖혀 들리면 마치 코킹이 좀 더 되는 기분이 들고 클럽이 더 꺾인다. 이렇게 하면 클럽의 코킹이 살짝 더 되기는 하지만 쓸데없는 클럽의 회전을 유발한다. 손목과 팔꿈치 근육에 가장 부담이 가는 자세일 뿐더러 스윙의 정확도에도 그다지 도움이 되지 않는다.

손목을 중립(손목에 힘을 주어 살짝 들리는 자연스러운 상태)으로 놓고 다운스윙을 하면 손목 주변 근육의 힘도 덜 들고 다운스윙으로 공을 내려칠 때 좀 더 빠르고 편하고 강하게 임팩트하는 데도 도움이 된다. 히팅 시에 컵핑된 손목을 풀어줄 필요없이 자연스럽게 돌 수 있으므로 정확도도 높아진다. 일석 삼조다. 이래저래 덜 다치고 덜 힘들게 치려면 왼쪽 손목을 백스윙 탑에서 적당히 편한 중립(neutral)으로 놓자.

힘 빼고 양손을 모아서 클럽을 잡고 셋업을 하게 되면 양손은 자연스럽게 컵핑이 된다. 그럴 수밖에 없다. 손목이 뒤로 조금이라도 꺾이지 않고 어떻게 서로 맞닿을 수 있겠는가? 이런 원리로 왼쪽 손목이 중립 또는 더스틴 존슨처럼 아예 안쪽으로 꺾이고(bowing) 컵핑(cupping)이 되지 않으려면 오른쪽 손목은 뒤로 젖혀져야 한다. 얻는 게 있으면 잃는 쪽이 있듯이, 한 쪽이 컵핑되지 않으려면 반대쪽이 컵핑되어야 한다.

　오른쪽 손목을 뒤로 열심히 젖혀서 컵핑을 해주는 다른 장점은 백스윙 탑에서 좀 더 안정감을 준다는 것이다. 프로들이 백스윙하면서 선반에 얹어놓듯이 들어올리라고들 가르친다. 자칫 팔을 열심히 들어 선반처럼 팔꿈치만 받치고 있으면 몸에 힘만 더 잔뜩 들어갈 수 있다. 오른쪽 손목을 자연스럽게 꺾어서(일부러 심하게 꺾는 프로도 있다) 올려주면 그제야 그 선반(?)이 좀 더 자연스럽게 형성된다.

손목을 찌르는 아픔: 손목 삼각섬유연골(TFCC) 파열

손목 척측(새끼손가락 쪽)에는 팔과 손목을 이어주는 부위에 충격을 완화하고 손목의 회전을 도와주는 삼각섬유연골 복합체(TFCC, triangular fibrocartilage complex)라는 구조물이 있다. 허리에서 충격을 흡수해주는 디스크 같이 생긴 말랑말랑한 구조물 주위에 힘줄과 인대가 복잡하게 얽힌 구조라서 컴플렉스(복합체, complex)라는 단어가 뒤에 붙는다. 손목에 힘을 줄 때나 무거운 것을 들 때, 손목을 회전할 때 손목에 안정감을 주면서 동시에 충격을 흡수해주고 보호해준다.

사람 몸이 다 그렇듯이 손목을 많이 쓰다보면 서서히 망가지기도 하고 넘어질 때 손목을 짚거나 갑자기 심한 충격이 가해져서 찢어진다. 무거운 문을 밀거나 손바닥을 짚고 일어날 때 '악' 하는 통증이 팔과 새끼손가락을 연결해주는 손목에 발생한다. 평소 손목을 돌릴 때 소리가 나고 아파서 붓기도 한다. 골프를 할 때 많이 다치는 것은 아니지만 이들이 골프를 즐기고 싶을 때 상당한 장애를 유발하게 된다.

가끔 풀이 긴 러프에서 공을 칠 때 클럽이 풀에 감기면서 손목이 확 돌아가며 찢어지기도 한다. 아마추어가 심한 러프에서 샷을 하는 경우는 드물지만 풀이 길지 않는 곳이라고 만만히 보았다가 샷을 할 때 풀이 클럽을 잡아서 공을 엉뚱한 방향으로 보내는 경우가 있다. 이때 갑작스런 회전력이 손목에 가해지면 이 TFCC라는 구조물이 찢어지면서 상당한 통증을 유발하고 급기야 수술까지 필요한 경우도 생긴다.

> **유연한 사람도 주의**
>
> 가끔 손목을 다친 적도 없는데 심하게 뚝뚝 소리가 나고 덜컹거리는 사람이 있다. 손목뿐만 아니라 무릎이나 엉덩이에서도 앉았다 일어날 때 뚝뚝거리고 큰 소리가 나기도 한다. 어깨가 자주 빠져서 고생하기도 한다. 여러 가지 원인이 있을 수 있겠지만 전신 인대 이완증(generalized ligament laxity)일 가능성이 높다. 사람의 몸을 구성하는 여러 성분 중에 인대와 관절은 주로 콜라겐과 엘라스틴 성분으로 되어 있는데 콜라겐이나 엘라스틴이 사람마다 다 같지 않다. 콜라겐도 여러 타입이 있고 그 구성비가 사람마다 다르기 때문에 사람마다 관절의 유연성이 다 다르다.
>
> 스트레칭 별로 안 해도 관절이 유연하고 잘 구부러지는 사람이 있는가 하면 스트레칭 요가 등을 엄청 열심히 해도 뻣뻣한 사람이 있게 마련이다. 대부분 별 문제가 되지는 않는다. 소리가 나면 심리적으로 스트레스를 받는 경우도 있지만 대개 관절에 장애를 일으키는 일은 별로 없다. 그렇다고 손가락이나 손목을 꺾으면서 소리가 나는 것을 즐기는 사람도 있는데 이는 만성적 퇴행 변화를 촉진하니 하지 말아야 할 습관이다.

뒤땅을 줄이면 마음도 손목도 다치지 않는다

프로는 디봇을 만들면서 손목에 무리가 갈 수 있지만 아마추어는 뒤땅을 치면서 손목을 괴롭힌다. 땅을 칠 때 손목을 울리는 진동이 팔꿈치를 거쳐 어깨까지 전달되기도 한다. 뒤땅을 치는 것을 어떻게 해결해야 하는가? 많은 프로들이 지적하듯이 뒤땅의 주요 원인은 캐스팅(casting), 즉 다운스윙 때 끌고내려오지 못하고 미리 손목을 꺾어서 그렇다. 보통 접하는 처방은 이것을 막기 위해 손목을 풀지 말고 끌고내려오라는 것이다. 타이거 우즈처럼 끌고내려오다가 마지막에 돌려야 한다고 주장한다. 손목을 끝까지 꺾고 내려오게 고무줄까지 걸어서 손목을 단련시키라고 한다. 쉽지 않다. 사실 아마추어에게 불가능한 일이다.

손목의 부상을 막고 뒤땅을 줄이는 간단한 팁을 소개한다. 팔과 손목을 단련하고 힘을 주어서 끝까지 끌고내려오는 게 아니라 오히려 팔과 손목 그리고 손의 대부분 부위에 힘을 빼야 한다. 손목과 팔을 쓰지 않고 다운스윙을 하게 되면 자연스럽게 최대한 끌고내려오게 된다. 왼쪽 손목과 팔에 힘이 빠지면 캐스팅을 하고 싶어도 안 되게 된다. 결국 캐스팅의 힘이 클럽에 전달되는 것은 손목을 쓰면서 시작된다. 손목에 힘을 주고 잘 잡고 있으라는 얘기가 아니라 아예 손목에 힘이 들어가지 않게 하라는 것이다. 특히 왼쪽 손목에 힘이 들어가면 캐스팅뿐만이 아니라 이리저리 나가는 와이파이샷이 나오게 된다.

여기저기 힘 다 빼면 대체 무슨 힘으로 클럽을 들고 스윙을 하라는 건지 의문이 생긴다. 여기에 그립을 단단히 잡아야 하는 이유가 있다. 그립이 단단하고 견고하되 손목과 손가락에 힘을 꽉 주어서 잡으면 안 된다. 그립은 고무로 되어 있고 사이사이 미끄러지지 않게 약간 끈적이는 결이 있어 힘을 빼도 잘 미끄러지지 않는다. 또한 그립 끝의 직경이 조금 크기 때문에 손 모양만 유지할 정도로 힘을 빼도 잘 빠지지 않는다. 그래도 불안할 수 있고 너무 클럽이 흔들거리면 그것을 제어하려고 어쩔 수 없이 다시 손목에 힘이 들어갈 수밖에 없다. 이때 힘을 주며 클럽을 다스리고 컨트롤해야 하는 임무가 오른쪽 검지와 엄지손가락에 있다.

몸통의 회전에서 발생하는 힘은 팔과 손목을 자연스럽게 지나서 손가락 끝에 전달되게 해야 한다. 그렇다고 엄지와 검지를 세게 잡으면 안 된다. 아주 필요한 힘만 적절히 주고 백스윙과 다운스윙을 해야 한다. 그립을 잡을 때 엄지와 검지 사이의 통통한 살이 있는 부분이 밀착되어서 모아지게 해야 하는 이유가 여기에 있다. 이 틀이 유지되는 한에서만 힘을 준다.

오른쪽 검지와 엄지에 힘을 주되 그저 백스윙 탑에서 클럽을 얹혀놓는 선반에 지나지 않는다고 생각하고 선반이 무너지지 않을 정도로 힘이 들어가야 한다. 그래야 래깅(lagging)도 더 잘 되고 손목을 펴지 않고 아래까지 끌고내려올 수 있다. 타이거 우즈처럼 치겠다고 억지로 손목을 끌고 내려오면 손목과 손가락에 과도한 힘이 더 들어가서 설령 캐스팅 안 하고 잘 내려왔다고 하더라도 공을 임팩트한 후 훅이 나거나 방향을 컨트롤하기 힘들어진다.

특히 숏아이언 등으로 어프로치 샷을 할 때 프로들은 헤드 무게를 느끼면서 클럽을 자연스럽게 떨어뜨리라고 가르친다. 헤드 무게를 느끼는 게 말이 쉽지 몇 번 되다가 다시금 힘이 들어가면서 뒤땅을 친다. 손목이 조금 아픈 것은 참을 수 있지만 뒤땅을 치면 마음은 갈갈이 찢어진다. 이럴 때 엄지와 검지를 제외한 손과 손목에 힘을 빼야 한다. 힘이 빠져야 무게가 느껴지는 것이지 손목과 손에 힘이 팍 들어가면 헤드 무게가 느껴질 수가 없는 것이 당연하다.

그린에 매우 가까워서 살짝 쳐야 할 때 그립을 오른쪽 검지로도 견고히 잡고 퍼팅처럼 숏아이언으로 쳐야 하는 경우도 있다. 이런 경우를 제외한다면 검지는 아마추어가 너무 간섭하면 안 되는 손가락이다. 검지는 오버스윙을 막거나 너무 흔들리지 않게 클럽을 가둬두는 틀로 수동적으로 참여하는 것이지 검지를 이리 돌리고 저리 힘 주면서 능동적(active)으로 간섭하지 않게 잘 다스려야 한다. 검지를 가지고 하는 손가락 놀이는 낮은 핸디캐퍼가 된 이후에 고려해도 늦지 않다. 검지와 엄지에 힘을 주더라도 검지나 그립 파워는 스윙 내내 같은 강도를 유지해야 한다. 다운스윙 때나 임팩트 시에 힘을 더 주거나 해서는 안 된다. 10미터 칩샷이든 드라이버샷이든 이거든 저거든 팔에 힘 빼고 몸통으로 돌려야 뒤땅이 안 나오고 부상도 적다.

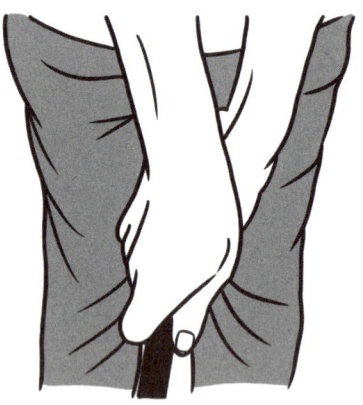

엄지와 검지가 틀이 되어 클럽을 제어하는 모습. 오른쪽 손의 엄지와 검지가 견고하게 클럽을 잡되 그립의 파워는 스윙 전반에 걸쳐서 일정하게 유지되어야 하며 순간적으로 손가락에 힘이 과도하게 걸리지 않아야 한다.

소지구 해머 증후군

손바닥을 보면 새끼손가락 쪽과 엄지손가락 근위부에 살이 통통하게 붙어있는 부위를 찾을 수 있다. 엄지손가락 밑에 살점이 붙은 부위를 무지구라 하고 새끼손가락 아래 두툼하게 손목까지 이어져 있는 부위를 소지구라고 한다. 이 소지구 부분은 망치(hammer 해머) 등 무거운 물건을 들어 내리칠 때 많은 압력을 받는다. 골프클럽 그립에서도 이 부분이 그립의 안정성에 매우 중요한 역할을 한다. 과도한 망치질(또는 골프스윙) 등으로 이 부분에 압력을 지속적으로 받게 되면 이 속을 통과하는 척골동맥(ulnar artery)이 늘어나 동맥류가 생기거나 혈전이 생겨 막힐 수 있다. 손가락(특히 넷째 약지 손가락)이 저려지고 시려지고 추위에 민감해진다. 방아쇠 수지만큼 흔하지는 않지만 과도하고 잘못된 스윙으로 생길 수 있으니 무리하지 말아야 한다. 이런 증상이 나타난다면 초기에 병원을 방문하는 게 좋다.

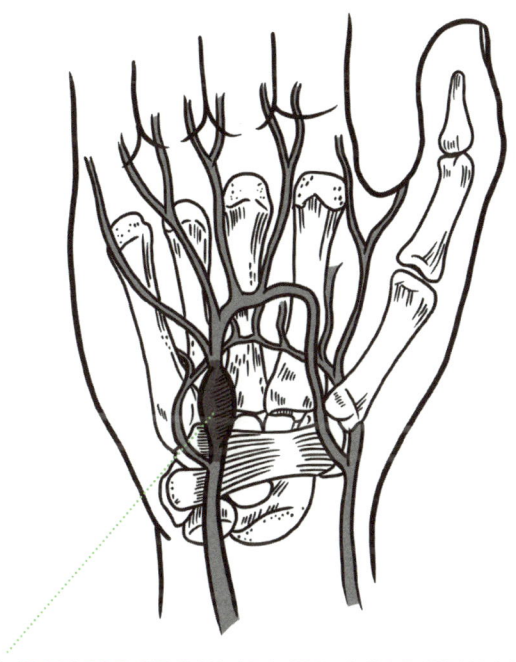

소지구 해머 증후군. 척골 동맥이 지속적 자극으로 늘어나 풍선처럼 불어나 있는 모습.

유구골 고리 골절

소지구(hypothenar muscle) 아래 손목과 이어지는 부분에 톡 튀어나와 있는 뼈가 있는데 콩(豆)모양으로 만져진다고 해서 두상골(pisiform bone)이라고 한다. 손을 짚고 앞으로 엎어질 때 닿아서 다칠 수는 있으나 골프스윙 때 이 뼈가 다치는 경우는 거의 없다. 손으로 만져지기는 해도 클럽에 닿지도 않는다. 이 뼈에서 조금 손가락 쪽으로 내려가면 유구골(Hamate, 갈고리뼈)이라는 뼈가 있는 자리다. 이 뼈는 손바닥 쪽으로 악마의 뿔처럼 돌기가 나와있는데 이곳이 유구골 고리이다. 뾰족하게 생기기는 했지만 소지구의 살덩어리가 통통하기 때문에 잘 만져지지는 않는다. 그렇지만 그립을 단단히 잡을 때 이 부위가 바로 그립 밑에서 눌리게 된다.

하키나 야구, 테니스처럼 클럽의 그립을 단단히 쥐고 가격하는 스포츠에서 문제가 발생하는 곳이다. 골프스윙 시에 나무 뿌리나 딱딱한 바닥을 치고나서 아프고 붓는다면 이곳의 골절을 의심해야 한다. 대개 일찍 깁스(cast) 등을 하면 붙기도 하지만 이 부분은 혈액순환이 좋지 않은 곳이라서 잘 붙지 않는 경우도 많다. 쉽게 안 붙고 계속 통증을 유발하면 수술적 치료를 하기도 하는데 뼈가 부러진 모양에 따라 그냥 떼어내기도 하고 아주 미세한 나사를 사용해서 붙여주기도 한다. 공 주위가 딱딱하고 치기 어려운 트러블 샷을 남겨둔 상황이라면 아마추어는 동반자의 동의를 얻거나 벌타를 받더라도 골절을 유발하는 상황은 피해야 한다. 욕심내다가 길게는 1년 동안 클럽을 못 잡거나 조기 은퇴를 하는 경우도 생긴다.

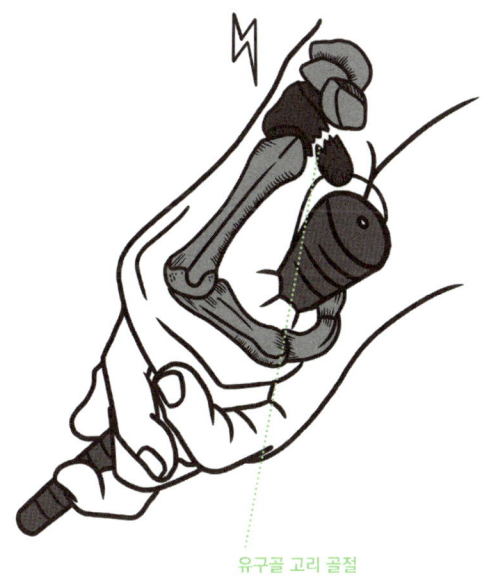

유구골 고리 골절

방아쇠 수지 (Trigger finger)

골프 배우기 시작하는 사람 대부분이 잠깐이든 길게든 한번 쯤 경험하는 것이 손가락과 손바닥의 불편함이다. 어제 저녁 간만에 연습 좀 열심히 했더니 아침에 일어나 손가락이 뻣뻣해지고 다 안 펴진다. 손바닥 여기저기 아프다. 급기야 한 손가락이 다 안 펴지고 굳어버리기도 한다. 손가락이 굳었다가 간신히 똑똑 거리면서 펴진다. 이런 상태가 총 쏠 때 방아쇠(trigger) 당기는 것처럼 틱틱거린다고 방아쇠 수지(trigger finger)라 부른다.

손가락을 움직이는 근육은 팔꿈치에 두툼하게 붙어 있다. 배우 마동석의 팔뚝을 보면 어느 부위에 근육이 붙어있는지 생생하게 알 수 있다. 영화 〈스타워즈〉에서 루크 스카이워커가 다스베이더와의 싸움에서 팔이 잘리는 부상을 입고 인공 팔을 달게 된다. 전완부를 열어서 줄을 당기니 손가락이 구부러지는 장면을 보면 팔 근육의 메커니즘을 생생히 볼 수 있다. 이렇게 근육과 손가락 같이 움직이는 기관을 서로 연결해주는 구조를 힘줄 또는 건(tendon)이라고 한다. 이 힘줄이 팔꿈치에서 손가락까지 가는 도중에 이리저리 흔들리고 움직이지 않게 잡아 주는 조직을 활차(도르래, Pulley) 조직이라고 한다.

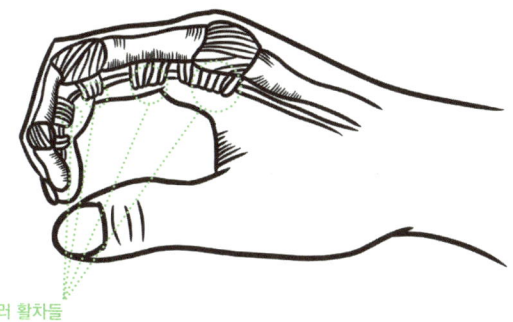
여러 활차들

   여러 활차 조직 중에 첫 번째 활차가(A1 pulley)가 손금 감정선과 손가락 마디가 시작되는 사이의 도톰한 부분 아래에 있다. 야구 방망이나 대걸레 등을 손으로 꽉 잡고 휘두르거나 일을 하게 되면 이 부위가 눌리면서 점차 두꺼워진다. 결국 그 터널이 점차 좁아져 그 아래를 지나는 힘줄이 미끄러지는 것을 방해해서 결국 손가락까지 뻣뻣해진다. 일반적으로는 엄지손가락을 구부리는 힘줄에 가장 많이 생기고 그 다음이 약지(ring finger), 그 다음이 새끼손가락 순으로 발생하는데 다른 손가락도 다 생길 수 있다. 실제로 제4, 5 수지 부위의 활차가 골퍼들을 가장 많이 괴롭힌다. 손가락으로 무엇이든 꽉 잡기 때문에 생기며 스윙 시에 직접적인 압박력이 가해져서 생기기도 한다.

   치료는 골프 손잡이 고무를 바꾸거나 클럽 피팅을 하거나 클럽을 가벼운 것으로 바꾸는 등 여러 가지 처방이 제시되고 있다. 골프 그립이 잘못된 경우가 90퍼센트 이상이라 대부분 골프클럽을 잡는 방법만 바꾸어도 고칠 수 있다. 대다수의 초보 골퍼가 이 질환으로 고통받고 있으니 다른 말로 하면 초보 골퍼 대부분의 그립 방법이 틀렸다는 얘기가 된다.

손 아프지 않은 골프 그립으로 타수 줄이기

어릴 적 야구방망이 한번 안 잡아 본 사람은 없다. 잡는 것을 배울 필요도 없이 대부분 잘 휘두른다. 물론 프로야구 선수에게는 야구방망이 잡는 것도 특별한 기술과 노하우가 필요하겠지만 일반적으로 사람들은 아무 생각 없이 배트를 꽉 잡고, 피칭머신에 서면 500원 넣고 공을 향해 잘 휘두른다. 그런데 골프클럽 잡는 방법은 굉장히 다르다. 처음 잡으면 아주 이상하고 어색하고 괘씸하기까지 하다. 클럽 잡는 방법은 크게 손가락과 손바닥이 만나는 부위에 고무그립 부분을 대주며 손가락을 많이 사용해서 잡는 핑거 그립과 손가락은 걸치면서 손바닥으로 누르면서 잡는 팜(palm) 그립이 있다.

핑거 그립이 좀 더 파워풀하고 다이나믹한 코킹을 줄 수 있다고 선호하는 골퍼들이 많으나 방아쇠 수지나 기타 손가락 힘줄 문제가 적게 생기는 방법을 찾는다면 팜 그립이 낫다. 벤 호건은 "그립이 골프스윙의 70퍼센트를 차지한다"고 했다. 그립은 견고해야 하지만 또한 힘을 빼야 한다. 힘을 빼는데 어떻게 견고할 수 있을까? 이런 역설적인 요구가 초보 골퍼에게는 상당히 혼란스럽게 다가온다. 여기에 대한 답이 여러 개 있을 수 있으나 벤 호건이 제시한 그립이 의학적인 관점에서 손가락 부상을 줄이면서 타수도 줄일 수 있는 답이 된다.

    초보자는 계속 그림이나 영상을 찾아보면서 음미해야 한다. 몇 분 내에 익힐 수 있을 것 같지만 적어도 1주일 이상은 스윙해가면서 바로 잡으며 가다듬어야 자기 그립으로 만들 수 있다. 벤 호건 그립을 잘 잡을 수만 있다면 견고한 그립을 잡으면서도 클럽 잡는 손가락에 힘이 덜 들어가서 손가락 힘줄의 부상을 막을 수 있다. 국내를 평정하고 미국에 진출한 최경주 선수가 PGA 투어 초기에 부진하자 그립부터 다시 잡았다는 유명한 일화가 있다. 초보의 심정으로 그립부터 다시 점검하는 겸손함이 최고의 선수가 된 비결이 아닐까 싶다. 하물며 아마추어라면 그립을 평생 신경 써야 한다.

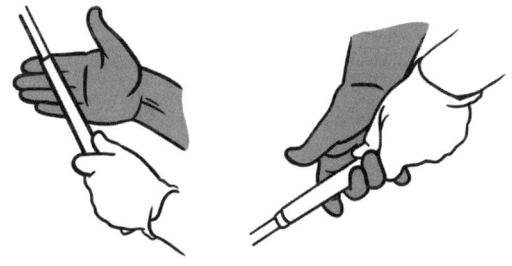

여러 번 강조하지만 그립이 견고해야 한다는 얘기는 세게 꽉 잡으라는 얘기가 아니다. 양손 그립 사이가 벌어지지 않게 공간이 없어야 한다는 얘기다. 그립이 잘 잡히면 백스윙도 자연스럽게 올라가고 스윙 탑에서 심하게 코킹되면서 뒤로 넘어가는 오버스윙(overswing)도 어느 정도 막을 수 있다. 그립을 잘 잡으면 어느 지점에서 코킹이 되고 어디서 풀고, 하는 것에 크게 신경을 안 쓰면서도 자연스러운 백스윙이 가능해진다. 제대로 된 그립이 부상을 방지하는 골프스윙의 기본이다. 처음에 그립을 제대로 잡으면 상당히 어색하다. 사실 어색하지 않으면 잘 잡은 게 아니다. 기분은 어색하지만 이때부터 스윙의 모든 것이 향상되기 시작한다.

방아쇠 수지를 줄이면서 거리 늘이기

아마추어들이 처음 연습에 열중하다보면 손바닥에 굳은살이 생기는 경우가 많다. 클럽을 제어하기 위해서 손바닥에 압력을 많이 가하면 생긴다. 그러한 압박력이 살속 힘줄까지 전달되어 통증이 생기면 손가락이 굳는 방아쇠 수지라는 병이 되는 것이다.

    그립은 부드러워야 하지만 클럽이 너무 흔들리지 않을 정도로 단단해야 한다. 그립을 잡고 조이는 강도는 천차만별의 철학이 있다. 달걀이 깨지지 않아야 한다는 데 달걀의 강도도 달걀마다 다르다. 남은 거리나 라이, 클럽 선택에 따라서도 그립 강도가 달라진다. 흔히들 멀리 보내려고 세게 칠 때 그립을 세게 잡는 것으로 생각하는데 그 반대다.

그립을 꽉 잡으면 유연성이 떨어지고 관절 운동 각도가 감소하므로 거리는 줄어든다. 그렇다고 항상 부드럽게 잡는 것만 제일인 것은 아니다. 일부러 꽉 잡는 경우도 있다. 아주 가까운 거리를 살짝 보내려고 하면 오히려 그립을 좀 세게 잡는 것이 낫다. 가끔 아마추어에게 나오는 그린 주변을 '왔다리 갔다리'하는 홈런볼을 막아줄 수 있다. 퍼팅도 마찬가지다. 아주 가까운 내리막에서 볼을 치려면 어찌할 바를 모르고 치고나니 공이 더 멀리 가버리는 경우도 허다하다. 이러한 오류를 줄이려면 퍼팅 그립을 오히려 꽉 잡으면 도움이 될 수 있다.

어떤 골프 스승은 손바닥의 굳은살만 보면 스윙의 무엇이 잘못되어 있는지 단번에 알아본다고 한다. 굳은살 부위에 따라 정교한 분석이 가능할 수 있겠지만 어쨌든 무슨 굳은살이든지 모든 굳은살은 확실히 잘못된 것이다. 연습을 많이 하는 프로들의 손은 얼마나 단련되어 딱딱한 굳은살이 많을까? 놀랍게도 웬만한 프로들의 손바닥엔 굳은살이 없고 오히려 부드러운 상태다.

어떤 프로는 그립을 아주 견고하게 잡으라고 말한다. 어떤 프로는 아주 가볍게 쥐라고 얘기한다. 정반대의 두 가지 얘기를 들으면 혼란스럽다. 무슨 장단에 맞춰서 춤을 춰야 하는지 난감하다. 하지만 두 가지가 다른 말이 아니라면? 무슨 소리인가 하면 그립은 견고하게 잡으면서 왼쪽과 오른쪽의 엄지와 검지 사이의 공간이 없게 해야 한다. 두 손이 일체감을 느끼면서 단단해야 하며 동시에 클럽은 부드럽고 가볍게 쥐어야 한다. 다시 말해서 그립을 단단하게 잡아야 하지만 클럽을 꽉 세게 쥐지 말라는 얘기다.

과거 한국과 일본 골프를 제패하고 요즘엔 자상한 최고 교습가가 된 임진한 프로는 종이를 말아서 클럽 대신 잡아보게 한다. 두 손은 견고히 일체감 있게 잡아야 하지만 그 사이에 잡힌 종이가 구겨지지 않아야 한다고 가르친다. 그립은 견고하게 하면서 클럽을 가볍게 잡아야 방아쇠 수지가 발생하지 않는다.

헷갈리면 우아하게 잡아라

손가락이 아프고 뻣뻣해지는 방아쇠 수지는 그립을 세게 잡을수록 더 많이 일어나게 된다. 그립 파워에는 정답이 없고 들을수록 헷갈린다. 이럴 때 정답은 '우아하게 잡는 것'이다. 세게 잡으면 촌스러워지고 너무 약하면 헐렁거리게 된다. 적절히 자기만의 '우아한' 감각을 만들어가야 한다.

여기서 너무 불안하지 않게 그립 강도를 잘 유지하면서도 방아쇠 수지를 줄이는 팁은 왼쪽 엄지손가락을 사용하는 것이다. 다운스윙 시에 엄지손가락에 신경을 쓰면서 여기에 살짝 힘을 실어주면 나머지 손가락에 가는 과도한 힘을 현저히 줄일 수 있다. 방아쇠 수지의 발생을 줄여주는 것은 물론 과도한 힘이 손에 가해져 당겨치는 빈도도 줄여준다. 힘을 덜 들이면서 스윙 스피드도 빨라져 거리도 더 나간다.

이렇게 되려면 처음 그립 잡을 때 왼쪽 엄지가 다소 가운데 선을 넘어 잡는 파워 그립이 유리하다. 그래야 백스윙 때 왼손 엄지가 클럽의 아래를 받쳐주어 좀 더 힘이 빠지는 데 도움이 된다. 다운스윙 때 힙을 돌리고 어깨를 돌리라고 하는 프로들의 여러 노하우들이 소개되고 있다. 이런 프로들의 좋은 가르침에다가 엄지손가락만 살짝 얹어보자. 엄지손가락에 신경 쓰면서 다운스윙을 몇 차례 해보면 자신만의 감이 올 것이다. 골프클럽을 악기라고 생각하라는 말이 있다. 악기는 우아하고 부드럽게 잡아야 한다. 우악스럽게 꽉 쥐면 소리가 제대로 나올 리 없다.

초보에게 최고, 타이거 우즈 그립의 비밀

클럽 들기도 힘든 초보에게 타이거 우즈라니. 우선 인터넷 등지에서 타이거의 그립을 보면 두툼한 손으로 한치의 빈틈도 없이 단단하고 견고하게 잡는 것을 알 수 있다. 엄청나게 강력한 힘으로 단단하게 꽉 잡은 듯하게 느껴지기도 한다.

그러나 이는 착각이다.

우선 동영상이나 그의 플레이 화면에서 그립을 완성하기 바로 전의 동작을 보면 타이거 우즈 그립의 비밀을 알 수 있다. 전형적인 인터록킹 그립(Interlocking grip)의 정수다. 그립을 만들 때 왼쪽 손을 밀착해서 파워 그립으로 쥔 다음 오른쪽의 다섯 번째 손가락을 왼쪽 검지와 중지에 끼워줄 때 한두 번 손바닥을 흔들거리는 것을 볼 수 있다. 이때 최대한 손가락을 깊게 끼워주는 것이다.

손가락을 깊게 끼워주게 되면 오른쪽 손바닥의 손금 부위가 왼쪽 엄지 위를 감쌀 때 자연스럽게 힘이 가고 타이트하게 두 손이 더욱 밀착되기 쉬워진다. 그립이 느슨하면 힘 전달이 잘 안 되고 헐렁거려서 다운스윙 때 손가락에 힘이 더 들어가 힘줄 부상의 원인이 된다.

타이거의 손가락 끼워넣기 동작을 따라해보면 두 손의 일체감이 무엇인지 느낄 수 있다. 타이거 우즈처럼 견고해보이는 그립을 만들면 힘은 더욱 적게 든다. 마술 같은 동작이 아닐 수 없다. 쓸데없이 힘 많이 들어가는 초보자에게 더욱 필요한 그립이다. 모든 면에서 넘사벽인 타이거이지만 초보자는 그립에서만라도 타이거 우즈를 따라해야 한다.

의학적 해결책

힘줄염이 심해지게 되면 아침에 일어났을 때 손가락이 펴지지 않고 매우 아픈 경험을 하게 된다. 대부분 당혹스러워서 어찌할 바를 몰라 한다. 우선 차가운 얼음찜질을 하면서 천천히 손가락을 뒤로 젖히면서 부드럽게 스트레칭 해준다.

스트레칭은 손가락 마디마디와 너클 부위의 마디를 차례로 각각 잡으면서 스트레칭 해주는 것도 좋다. 좀 풀린다면 그 다음에 위에서 이야기한 그립 등의 문제를 점검한다. 손가락이 여전히 잘 안 펴지고 수일간 계속 아프다면 병원을 찾는 것이 좋겠다.

여러 가지 물리치료 시스템을 통해서 힘줄의 부종을 가라앉히게 되는데 그래도 가장 빠른 것은 소량의 스테로이드 주사를 힘줄 주변에 주사하는 것이다. 스테로이드 이야기에 히스테릭하게 반응하는 환자분들이 있는데 소량의 스테로이드를 잘 주사하는 경우 인체에 해가 된다는 증거는 아직 없다. 물론 힘줄 주변에 주사를 하지 않고 힘줄 자체에 주사를 해서 나중에 힘줄이 끊어졌다는 보고가 아주 드물게 있기는 하다. 계속 낫지 않는 경우 힘줄을 싸고 있는 활차를 풀어주는 수술을 하게 된다.

벤 호건 그립을 잘 잡는데 물집이 잡힌다면

감히 벤 호건 그립에 반기를 들 생각은 없다. 다만 벤 호건 그립을 잘 잡기 위해 아무리 연구하고 노력해도 어색하거나 자꾸 오른쪽 손가락(특히 약지 부위)에 물집이 잡히고 아프다면 약간의 변형을 하는 것이 좋겠다. 전통적 벤 호건 그립은 왼쪽 엄지손가락 끝이 왼쪽 검지의 구부린 부위와 키가 잘 맞게 잡는 것이다. 그리고 엄지 손가락을 오른쪽 손바닥으로 단단히 감싸준다. 그러나 검지 부위가 엄지 길이 만큼 나오게 되면 오른쪽 약지(4th finger) 바깥쪽이 관절부위에 닿게 되어 스윙을 반복하면 그 부위의 피부가 벗겨지고 염증이 생긴다. 스윙을 하고나서 피니시 때 손가락에 안정감이 좀 떨어져 글러브가 벗겨지기도 한다. 이를 해결하려면 벤 호건 그립을 살짝 바꾸는 게 낫다. 사실 그립의 안정성을 고려하거나 손목이 뻣뻣해서 코킹이 잘 이루어지지 않는 아마추어 골퍼라면 왼쪽 엄지 손가락을 약간 길게 잡는 게 좋다. 엄지가 약간 길어지면 검지가 약간 들어가게 되고 왼쪽 검지가 오른쪽 약지(넷째손가락)와 마찰되는 것도 줄면서 그립도 조금 더 단단해진다. 이렇게 되면 백스윙 탑에서 왼쪽 엄지 손가락이 클럽을 받쳐주어 좀 더 안정감을 줄 수 있다.

오른쪽 검지의 역할이 살아날 때

브루스 캡카의 장타 비결을 이야기할 때 그의 몸통을 둘러싼 멋진 근육과 함께 자주 언급되는 것이 오른쪽 팔을 쓰는 것이다. 왼쪽 팔은 방향이고 오른쪽 팔은 힘과 비거리라는 말이 있는데 브루스 캡카가 이를 가장 잘 실천하는 프로라고 본다. 여기서 아마추어에게 매우 큰 오해가 발생한다. 오른쪽을 이용해서 힘을 낸다고 오른쪽 손과 손가락에 잔뜩 힘주고 내리 치게 된다. 그러면 무리한 힘이 가해져 여기저기 날아다니는 와이파이샷이 나오기 십상이다.

다시 그립으로 돌아가보자. 벤 호건 그립에서 오른쪽 엄지와 검지를 단단히 붙이고 검지를 중지(세 번째 손가락)에서 살짝 떼고 클럽을 단단히 잡으라고 한다. 이때 엄지와 검지로 클럽을 단단히 쥐고 감싸면서 클럽을 조정하면 안 된다. 엄지와 검지는 하나의 박스 또는 공간만 견고히 만들어줘야 한다. 여기서 이리저리 클럽이 무게가 실리고 흔들리는 것을 느끼되 이 공간을 조이고 꺾어서 재주를 부려서는 안 된다.

특히 엄지와 검지를 붙이는 이유는 두 손가락으로 클럽을 강하게 조이라는 것이 아니고 백스윙 탑에서 이 두 손가락 사이에 클럽을 얹혀놓는 선반만 제공하면 된다. 클럽 헤드는 다운스윙하면서 이제 이 사이의 공간에서 손가락 사이를 약간 왔다갔다 한다. 이를 느끼면 클럽 헤드의 무게를 느낄 수 있다. 적극적으로 손가락에 힘을 주다보면 끌어치고 당겨치게 되고 뒤땅 친다. 오른쪽 엄지와 검지는 클럽을 가두어놓는 틀이긴 해도 억지로 클럽을 조정하지 않는다.

손을 많이 쓰고 잡아당기는 스윙이 많은 사람은 아예 검지손가락이 없다고 생각하고 휘둘러보자. 손가락이 없으면 몸통 근육으로 헤드 무게를 충분히 느낄 수 있다. 클럽은 몸통의 큰 근육으로 조절해야 한다. 그래야 정확도도 높아지고 부상도 줄어든다.

아마추어일수록 피니시 때 똥폼을 잡아라

견물생심이라고 눈에 뭐가 보이면 욕심이 나게 마련이다. 눈앞에 공이 얌전히 놓여있으니 최대한 힘을 가해 패대기를 치고 싶다. 아무리 심호흡을 하며 달래고 마음의 수양을 하고 정신을 가다듬어도 공을 치는 0.1초 사이에 잡 생각이 생기고 쓸데없는 근육에 힘이 몰리면서 당기고 밀고 뒤땅을 친다. 1년 정도 절에 들어가거나 수도원에서 수양을 해야 마음의 평정을 얻을지 모르지만 공을 보면 또 힘이 들어간다. 답은 정해져 있다. 공을 안 보고 치면 된다.

팔로우 스루와 피니시가 중요하다고 프로들은 이야기한다. 많이 듣는 얘기이긴 해도 아마추어에게 크게 와닿지 않는다. 임팩트 때 공만 잘 맞추면 되지 맞추고 나서 그 다음 동작이 어떻게 되든지 뭐가 중요한가? 볼수록 즐거운 최호성 프로의 피싱 폼을 보면 피니시를 잘하라는 요구에 더더욱 의문이 갈 수밖에 없다. 공을 맞히는 것이 현재라면 공을 맞히고 팔을 뻗어서 멋지게 피니시 동작을 취하는 것은 미래다. 현재를 잘해야 미래가 좋은 거지 미래(피니시 동작)를 잘해야 현재(임팩트)가 좋아진다는 것은 아인슈타인의 시간과 공간이 구부러진다는 상대성 이론처럼 이해하기가 쉽지 않다. 공은 잘 못치면서 피니시 때 멋진 폼을 만드는 것이 왠지 과잉허세 같아 좀 겸연쩍다. 피니시만 잘하면 동반자들에게 개폼 잡지 말라는 핀잔을 듣기도 한다.

연습 많이 하는 프로들이야 임팩트 후에 무슨 짓을 하든 상관없을 수 있지만 오히려 아마추어는 더욱 피니시에 신경써야 한다. 누가 옆에서 짖던 공 잘 치는 것보다 그 개폼(?)을 잘 잡아야 한다. 일부를 제외하고 잘 치는 프로들 대부분이 피니시도 멋지게 한다. 잘 치니까 피니시가 자연스럽게 멋져지는 거라고 생각할 수 있겠지만 그 반대일 수도 있다. 피니시를 멋지게 하니까 잘 치게 되는 것이다. 좋은 미래를 생각하고 현재는 아무 생각 안 하고 열심히 일하다보면 좋은 결과가 있는 것처럼 눈 앞의 공을 보는 것보다 멋진 피니시 폼을 생각하면서 치면 힘도 덜 들어가고 임팩트는 오히려 더 훌륭해질 수 있다.

연습스윙은 프로인데 공을 칠 때는 망가지는 사람들이 있다. 이럴 때는 천천히 연습스윙을 하더라도 피니시를 멋들어지게 잡아보라. 비록 어색할 지라도 피니시를 잡고 2~3초간 서서 쓰러지지 않을 정도의 밸런스를 유지할 수 있으면 된다. 부드럽게 연습스윙을 2~3회 해보면서 자기가 원하는 피니시 폼을 만들어본다. 실제 공을 칠 때 눈은 뜨고 있지만 머릿속에는 피니시 폼을 그린다. 공이 맞든 말든 휘두른다. 이 방법에 더 믿음을 갖기 위해서 아예 눈을 감고 쳐보라. 그저 감은 눈 앞 또는 머릿속에 피니시를 멋지게 할 생각만 하고 휘둘러보자. 10여회 휘둘러보면 안다. 백돌이들은 경이로운 느낌이 들 것이다. 눈 감고 칠 때 더 잘 맞기도 한다. 눈 감고 쳐보면 내 몸 근육의 움직임을 더 잘 느낄 수 있으니 꼭 몇 번 해보라.

피니시 때 멋진 폼이든 개폼이든 자신이 취하고자 하는 자세를 머리에 그리고 스윙을 한다. 백스윙이 어떻고 코킹이 어떻고 하는 얘기는 우선 다 잊어버리고 피니시만 신경 쓰고 쳐보자. 궤적이 좋아지고 임팩트 때 쓸데없는 힘이 덜 걸리고 방향성도 좋아지고 거리도 더 나간다. 경사나 비탈이 심해서 스탠스가 도저히 감당이 안 되는 곳 빼고는 피니시의 밸런스가 공 치는 것보다 더 중요하다. 잘 되던 골프가 갑자기 잘 안 될 때에도 백스윙 등을 점검하기 이전에 피니시를 좀 더 일관되게 신경 써야 한다. 매번 스윙 때 이것만 잘해도 백돌이 탈출이 그리 어렵지 않다.

손가락 저림: 수근관 터널 증후군

중년이 돼서 손가락이 저리고 먹먹해지며, 심해지면 밤에 잠을 설칠 정도로 아픈 분들이 많다. 손목의 엄지손가락과 새끼손가락 사이의 두툼한 살덩어리 사이를 가로지르는 정중신경(Medial nerve)이 직접적인 손상을 받거나 그 사이 공간이 좁아져 간접적으로 눌리면서 특히 엄지 검지 및 가운데 손가락이 저리게 된다. 새끼손가락이 저리면 다른 병을 의심해야 한다. 전통적으로, 땅 파는 드릴 같이 진동이 심한 기구를 많이 사용하게 되면 신경이 다치면서 생기는 것으로 되어있다. 요새 드릴로 땅을 파는 국민들이 늘어나는 것 같지는 않는데 오히려 환자 수는 늘어나는 것으로 보아 이것만이 원인은 아닌 것 같다. 심해지면 수술까지도 해야 하는데 미국 통계로 한해 10만명 이상이 수술을 받는 것으로 나타난다.

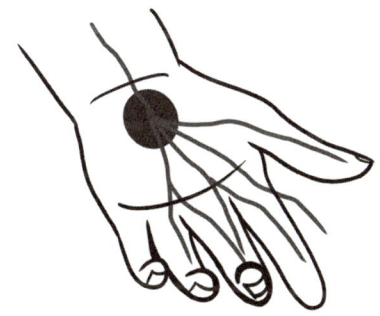

수근관 터널 증후군

교과서에 골프가 정중신경 손상의 직접적 원인으로 나오진 않지만 한달에 수회 이상 라운드를 즐기는 골퍼에게 수근관 터널 증후군(Carpal Tunnel Syndrome)이 증가한다는 보고가 나온다. 커다란 드릴로 매일 몇 시간 아스팔트를 뚫는 일을 하지 않아도 손목을 많이 사용하면 생긴다는 것이다. 집안 일 많이 하는 주부에게도 증가한다. 켄 벤추리라는 미국 프로골퍼도 이 때문에 일찍 은퇴한 것으로 알려져 있다.

클럽을 휘두르다 손가락이 저려오면 우선 연습과 라운딩을 줄여야 한다. 양손 글러브를 끼는 것도 손목을 보호해주는 한 방법이 될 수 있다. 이렇게 해도 몇 개월 이상 계속 된다면 돌아오지 못할 강을 건넌 것으로 치료는 수술밖에 뾰족한 수가 없다. 수술은 해부학을 배우고 수술 실기를 익히는 데 수많은 세월이 걸리지만 손바닥 사이의 인대를 살짝 풀어주는 비교적 간단한 과정이다. 숙련된 의사가 조심해서 한다면 10분도 채 안 걸리는 과정이다. 너무 오래 놔두었다가 수술하게 되면 신경 손상이 완전히 회복되지 않으니 비교적 일찍 고려해볼 만한 수술이다. 수술 후 몇 개월간 손목을 쥐는 힘이 떨어질 수 있지만 대부분 다시 골프클럽을 잡는 데 문제가 없다. 어쨌든 수술까지 가지 않도록 각자 운동의 강도를 잘 조절해야 한다. 골프는 이래저래 욕심을 버려야 오래 즐길 수 있다.

언코킹 잘하기와 해머던지기

아마추어에게 코킹과 언코킹만큼 헷갈리는 개념이 없다. 특히 클럽의 헤드 부위가 샤프트에서 요상하게 꺾여 있기 때문에 코킹을 이리저리 맘대로 하다간 스퀘어로 맞기가 힘들다. 몇 도에서 어느 정도 백스윙 때 꺾어야 하는지, 어느 정도의 다운스윙 때 풀어줘야 하는지 프로마다 다르고 볼이 놓인 지형마다 다르고 라운드 때 그날 컨디션마다 다르다.

사실 손목에 무리가 가는 것은 코킹보다는 언코킹이 더 문제다. 다운스윙의 정점에서 클럽의 속도가 가장 빠를 때 손목이 어떻게 관여하느냐에 따라서 손과 손목에 걸리는 부하가 다르기 때문이다. 언코킹이 손목 손상에 더욱 중요하다는 얘기다. 결론부터 얘기하면 언코킹을 언제 하느냐 어떻게 하느냐에 오히려 가급적 신경 쓰지 말아야 한다.

스페인의 정열적인 골퍼 세르히오 가르시아의 셋업 과정을 뒤에서 보자. 몸의 중심을 발의 가운데에 놓은 채 손목을 여러 차례 살살 펴주면서 공에 닿을 정도로 뻗어준다. 오른쪽 뒤에서 잡은 카메라로 보면 손목의 힘을 빼주고 거의 일자로 뻗듯이 한다. 볼을 임팩트할 때 바로 이 자세로 손목이 언코킹되어야 한다. 백스윙 때 올렸던 손이 다시 돌아와 임팩트 때 이 자세가 되는 것이다. 여기서 오해하면 안 되는 것이 손목과 손 자세가 임팩트 때 돌아오는 것이고 이때 몸은 앞으로 좀 더 나가면서 열리게 된다. 몸까지 처음 셋업 자세로 다시 만들려고 하면 뻣뻣한 스윙이되고 심한 훅이 나게 마련이다.

　손목의 힘을 빼주고 몸의 중심은 제대로 유지한 채 손을 죽 뻗어준다. 그렇다고 인위적으로 컨트롤해서는 안 된다. 헤드 무게에 따라서 알아서 뻗어지는 것이지 언제부터 일부러 뻗어주고 언제부터 풀어주는지 신경은 안 써도 된다. 어느 저명한 일본 골프클럽 TV 광고에서 "너만의 루틴을 가져라" 하며 지겹도록 강조하는 이보미 선수의 시원한 스윙을 보라. 공의 임팩트 때 손목과 클럽이 거의 일자로 뻗어주는 모션을 볼 수 있다. 이처럼 임팩트 때 손목을 잡고 있지 않고 클럽 헤드의 움직임을 방해하지 말고 뻗어야 한다. 일부러 '뻗어주는' 것이 아니고 어쩔 수 없이 '뻗어지게' 힘을 빼고 놔둬야 한다.

　언코킹 때 손목을 앞으로 채주거나 하는 동작이 들어가면 안 된다. 자연스럽게 원래의 자리로 돌아오게 손목의 힘을 풀어야 한다. 그래도 헷갈리고 어려우면 클럽의 헤드가 휘어 있지 않고 동그란 쇠공이 끝에 달려있다고 생각하고 올림픽 해머던지기를 한다고 상상해보라. 육상 경기 해머던지기는 몸을 뒤로 기울이면서 몸의 균형을 유지하지만 골프는 몸의 축을 가운데 유지해야 하기 때문에 더 어려울 수 있다. 하지만 몸의 회전에서 만들어진 원심력이 맨끝에 달린 클럽 헤드나 해머에 전달되어야 한다는 원칙은 같다. 해머 던질 때 손목을 구부리고 있으면 몸에서 만들어진 원심력 파워가 클럽

끝까지 제대로 전달이 되겠는가? 손목에 힘을 잔뜩 주고 컨트롤하려 하면 원심력이 전달되다가 손목에서 막히면서 손목 손상의 위험만 커지고 클럽의 스피드와 파워는 떨어진다.

클럽 헤드를 무거운 쇠공이라고 상상하고 가슴 가운데서 던져준다고 생각하면 몸의 중심이 쏠리는 스웨이를 막아주는 효과도 있다. 무거운 해머를 던지는데 손목의 언코킹을 어디서 하냐고 신경 쓰면 무슨 소용인가. 그냥 힘 빼고 헤드 무게에 맡기면 된다.

언코킹과 코킹
손목의 코킹과 언코킹을 무리해서 제어하려고 할 때 손목과 팔꿈치의 부상이 발생한다.

6장 - 무릎 다치지 않는 골프

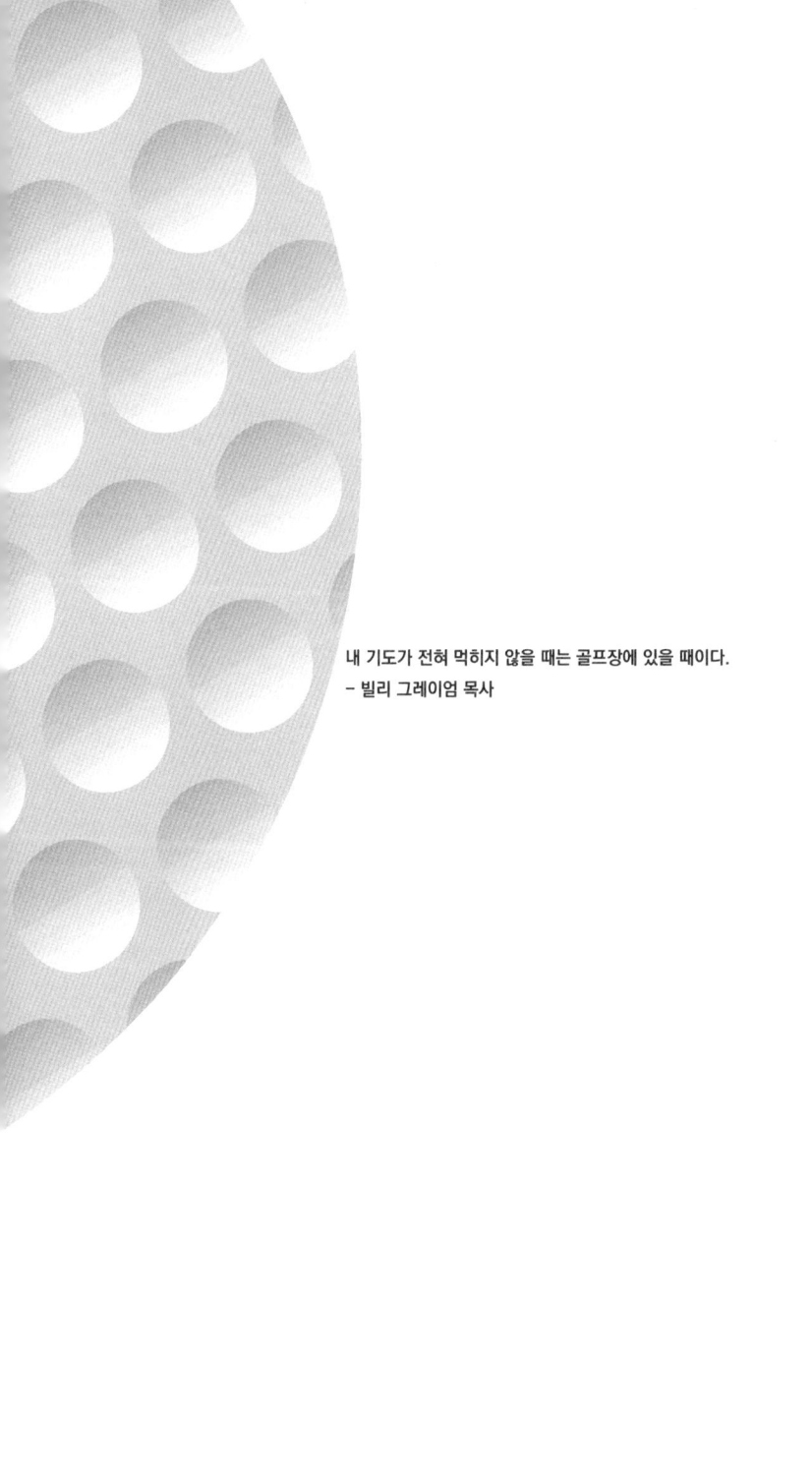

내 기도가 전혀 먹히지 않을 때는 골프장에 있을 때이다.
- 빌리 그레이엄 목사

골퍼의 무릎

타이거 우즈는 메이저 우승만큼이나 수술도 많이 받았다. 그중에서 무릎 수술만 세 번을 했다. 오랜 재활에 많은 시간을 할애해야 했지만 더 강해지고 건강한 모습으로 돌아오곤 했다. 골프는 가끔 상대와 싸움이 일어나서 클럽으로 공이 아닌 사람을 가격하면서 부상이 발생하기도 한다. 그런 일을 제외하면 대체로 직접 접촉이 일어나는 스포츠가 아니므로 무릎 손상은 별로 없을 것으로 여긴다. 무릎 손상은 주로 온몸을 쓰며 치고받는 스포츠에 많은 것으로 알려져 있다.

무릎 부위는 사실 어느 스포츠나 가장 많은 골치를 썩이는 부위이다. 골퍼에게는 허리부상이 가장 많지만 무릎도 무시 못하게 많은 부상을 당하는 부위이다(골프 손상 전체의 약 20퍼센트 내외로 보고됨). 몸을 부딪치는 종목에서 발생하는 손상보다 강도는 낮지만 빈도 상으로만 보면 거의 농구에서의 무릎 손상에 상응할 정도로 높다.

위치는 오른손잡이라면 타이거 우즈처럼 주로 왼쪽 무릎에 문제가 생긴다. 무릎 부상 위험은 역시 나이가 많은 아마추어 골퍼에서 가장 많이 생길 수 있다. 새로운 문제가 아니더라도 기존에 무릎이 좋지 않았다면 이러한 상황을 악화시킬 수 있다.

여러 다른 관절들은 대개 관절 주변이 서로 단단히 감싸서 안정돼 있는 구조가 많다. 예를 들어 고관절은 구멍 속에 동그란 덩어리가 예쁘게 쌓여 있다. 여간 큰 충격이 아니면 빠지지 않는 안정된 구조이다. 이에 반해 무릎은 다리뼈 위에 허벅지뼈가 덜렁 얹혀 있는 구조이다. 옆에서 자동차 범퍼가 슬쩍 치고지나가도 비틀리고 꺾여버리는 아주 불안정한 구조의 관절이다.

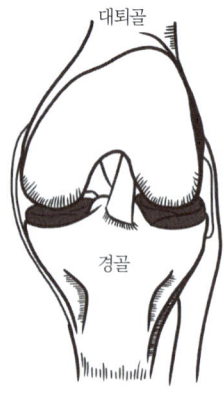

무릎 골격과 인대의 구조

 움직임도 비교적 단순해서 구부렸다 펴는 동작만 주로 하며, 골프스윙에서처럼 회전(rotation)에는 적합하지 않은 구조다. 또한 안으로나 밖으로 또는 좌우로 꺾이는 움직임도 매우 제한되어 있다. 백스윙 시에 왼쪽 무릎이 돌면서 회전력과 동시에 외반력(하지가 밖으로 꺾이는 동작)이 작용하는데 이때 내측의 반월상 연골판에 무리가 가고 찢어질 수 있다. 팔로우 스루 때도 하지(경골)는 안쪽으로 돌면서 갑자기 펴지게 되면서 무릎 관절이 으깨지는 것과 비슷한 힘을 받는다. 이때 체중의 4.4배까지도 압박력이 가해질 수 있다. 이렇게 비정상적인 스트레스가 계속 가해지게 되니, 통계상 나이가 들수록 많은 무릎 손상이 발생되는 것은 어찌보면 당연한 일이다.

무릎 손상의 메커니즘

골프에서의 무릎 손상의 주 요인은 잘못된 스윙 메카닉스의 지속적인 반복이다. 과도하게 무리해서 반복적인 스윙을 계속하면 발생빈도가 커진다. PGA에서 활약한 50세 이상의 골퍼들에게 물었을 때 그들 대부분이 그동안 투어 프로로 생활하면서 적어도 한 번 이상 무릎 때문에 고생했다고 밝히고 있다. 그들의 83퍼센트는 왼쪽 무릎에서 문제가 있었다고 조사되었다.

  무릎은 대퇴골과 경골이 만나서 움직이는 곳인데 뼈와 뼈가 만나면 연골이 닳고 아파진다. 척추관절의 디스크처럼 두 뼈 사이에 반월상 연골판이라는 물렁뼈가 있어 충격을 완화하고 무릎을 안정시켜 주는데 이 구조물이 스윙할 때 손상에 많이 노출되는 것이다.

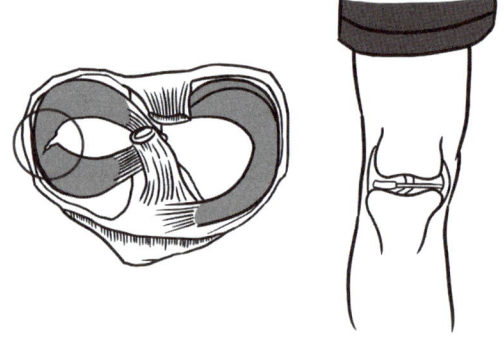

반월상 연골판 손상

　반월상 연골판 이외에도 전방십자인대도 골퍼들에게 골칫거리다. 전방십자인대는 무릎이 전방으로 밀리는 것과 과도한 회전을 막아주는 구조물인데 과도한 스트레스나 갑작스런 큰 충격으로 손상이 온다. 다만 전방십자인대 파열이 생겼다고 골프를 못 치는 것은 아니다. 축구 선수 중에서 손상된 전방십자인대를 가지고 몇 개월 더 뛰어 시즌을 마치고 그제서야 수술한 경우도 있다.

　타이거 우즈도 시즌 중 십자인대가 파열되었지만 아픈 다리를 가지고 찡그린 얼굴을 하면서도 여러 번 우승을 더 한 후에야 수술을 하기도 했다. 물론 다치고 나서 수술과 재활 없이 운동을 한다는 것은 매우 즐겁지 못한 경험이다. 덜렁거리는 무릎을 가지고 운동을 계속하면 주변 연골이나 연골판까지 다치게 된다. 너무 늦게 수술을 하게 되면 십자인대 수술은 잘 되었을지언정 이런 구조물들이 계속 문제를 일으킬 수도 있다.

전방십자인대나 반월상 연골판 등이 다쳤더라도 적절히 치료하면 대부분 별다른 후유증 없이 복귀할 수 있다. 무릎의 손상이 심해져 연골 자체까지 다치게 되면 그 손상은 돌이키기 힘들다. 연골은 무릎이나 다른 관절을 감싸주는 구조로 단단하면서도 아주 매끄럽다. 그 마찰계수가 매우 낮아서 얼음과 얼음을 비비는 것보다 더 부드럽게 미끄러져야 한다. 이렇게 섬세한 구조물에 흠이 나게 되면 하루에 수천 번 구부렸다 폈다 하는 무릎의 연골이 점차 닳고 파이게 된다. 전방십자인대나 반월상 연골판 등은 손상 시 그 자체로도 문제가 되지만 결국 이 연골을 보호할 수 없게 되어 더 큰 이차적인 문제를 일으키는 것이다.

최근에는 무릎 인공관절 수술의 결과가 좋아져서 많은 분들이 인공관절 수술 후에도 골프를 즐길 수 있는지 궁금해 한다. 미국 통계로 수술 환자의 50퍼센트가 다시 골프를 즐기는 것으로 나온다. 또한 수술한 쪽 특히 왼쪽 무릎에서 비교적 통증을 많이 호소한다. 대부분의 인공관절은 대퇴골을 싸는 합금과 경골 위에 얹혀진 합금 사이에 마찰을 줄여주는 특수 플라스틱이 들어 있고 합금은 뼈와 의료용 시멘트로 단단히 부착되게 된다.

인공관절을 하고 골프를 즐기는 사람들에게서 왼쪽 무릎에 시멘트와 뼈의 결합이 약해지는 사인(sign)이 보고 되기도 한다. 중간의 플라스틱에 아무래도 압력과 회전력이 많이 걸리게 되므로 이론적으로 인공관절의 수명을 줄일 수도 있다. 인공관절 수술 후에 통증이 심하지 않고 근력이 좋다면 적절히 운동을 즐기는 것이 금기는 아니다. 하지만 아무래도 무리하는 것은 좋지 않겠다.

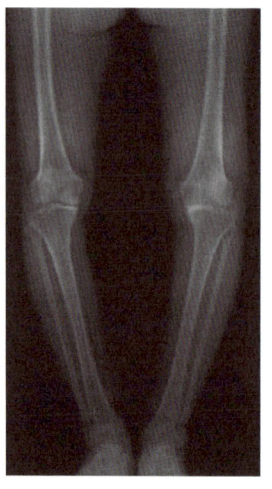 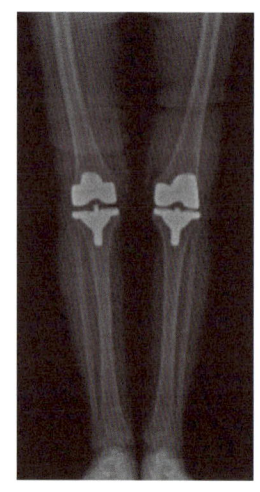

무릎 인공관절 수술 전   무릎 인공관절 수술 후

무릎을 보호하면서 타수를 줄이는 방법들

무릎의 안정성에 가장 중요한 것을 하나 꼽자면 바로 근육이다. 늘씬한 상위 골퍼들이 많지만 허벅지는 다들 상당히 두껍다. 무릎을 보호하면서도 안정성을 높이고 스피드를 내려면 허벅지, 특히 대퇴사두근 강화운동을 해야 한다. 골프에 도움되는 것은 물론이고 여러 성인병을 줄여주는 데도 매우 중요한 역할을 한다. 전방십자인대를 다친 후에도 타이거 우즈 선수가 여러 시합에서 우승할 수 있었던 것도 무릎 주위 햄스트링 근육과 대퇴사두근이 매우 크고 두꺼웠기 때문이다.

근육이 세기만 해서는 안 된다. 주변 근육이 강하면서도 유연해야 한다. 국가대표 쇼트트랙 선수들이나 박지성 같은 축구선수들의 허벅지는 힘을 주면 엄청나게 딱딱하고 큰 근육을 자랑하지만 힘을 빼고 근육을 만지면 아기 살처럼 부드럽다. 힘 주지 않았는데도 쓸데없이 딱딱한 근육은 좋지 않고 부상에 더 노출된다. 주변 근육을 싸고 있는 근막 자체는 부드러워야 한다. 근육 키우는 데에도 스트레칭이 기본이다. 폼 롤러 같은 도구로 풀어주는 것도 도움이 된다.

무릎이 아파서 치료를 받거나 무릎 수술 후에 다시 필드에 나가고자 한다면 최소 2~3주는 짧은 아이언을 가지고 연습해야 한다. 드라이버나 롱아이언은 잡지 않고 천천히 스윙하면서 근육과 무릎이 적응하는 데 시간을 주어야 한다. 드라이버를 잡으나 샌드웨지를 잡으나 무릎에 걸리는 압력이 별로 다를 게 없다는 논문도 있으나 아무래도 드라이버가 웨지보다는 회전력이 더 걸리게 마련이다.

신발 선택도 한번쯤 생각해보아야 한다. 주로 평발이나 발의 아치를 받쳐주지 못하는 경우에 무릎에 내회전력이 더 걸리고 손상도 더 많이 생기는 것으로 알려져 있다. 각 개인에 맞추어 제작하는 신발이나 깔창도 있으나 마트 등에 가면 여러 형태의 발 아치를 받쳐주는 비교적 저렴한 보조깔창들이 있으므로 먼저 활용해보는 것도 좋다. 스파이크가 없는 신발이 회전 시 무릎에 걸리는 최대 토크를 좀 더 낮춰줄 수 있다는 보고도 있으므로 무릎이 아픈 골퍼는 이러한 신발을 신어보면 좋겠다.

무릎이 아프면 무릎 보호대에 의존하는 경우도 많다. 손상이 있을 때 보호대를 차면 무릎 연골과 주변 인대에 걸리는 스트레스를 보호대가 일부 흡수하고 주변으로 전달해주므로 통증 감소와 보호에 도움이 될 수 있다. 다만 너무 오래 차고 의지하는 경우 오히려 주변 인대와 근육이 약해진다. 최소한으로 착용하고 자주 풀면서 근육을 강화하는 운동을 해야 한다. 주변 근육이 강화되면 사실 보조기가 할 일은 없어지게 된다.

스탠스는 벌리고 양발 발끝을 바깥쪽으로 벌린다. 스탠스가 적당히 적어야 과도한 스웨이도 막고 임팩트가 정확해진다. 과도하게 스탠스를 벌리지 않는다면 회전 스피드와는 상관없다는 연구들도 있으나 너무 벌리면 느려지는 것은 당연하다. 무릎을 벌리고 양발을 바깥쪽으로 좀 더 벌리면 왼쪽 무릎 내측에 걸리는 나쁜 스트레스 부하는 줄어든다. 30도 이상 왼쪽 발을 벌리고 스윙할 때 무릎에 내회전 내반력이 매우 줄어든다는 연구도 있다. 버바 왓슨의 스윙을 보면 어드레스 때도 앞쪽 발을 타겟 쪽으로 상당히 벌리고 서 있고 드라이버 피니시 때는 아예 90도 이상 돌아서 타겟을 보고 있는 경우도 있다. 그래서인지 버바 왓슨이 무릎 때문에 고생했다는 기사는 본 적이 없다. 이를 염두에 두면서 약간씩 벌리면서 어느 정도 접점을 본인 스스로 찾는 수밖에 없다.

무릎을 보호하기 위해서는 무릎 주변 유연성뿐만 아니라 허리와 골반이 유연해야 한다. 허리와 골반이 적게 회전할수록 무릎에 걸리는 부하는 심해진다. 허리와 골반이 부드럽게 돌아가지 못하면 무릎이 커버해야 할 운동범위가 더 많아지고 스트레스도 심해진다. 허리 수술이나 고관절의 인공관절 치환술을 한 경우에는 스트레칭과 재활을 잘한다 해도 어느 정도 운동범위가 줄어드는 게 불가피할 수 있다.

이런 경우 어쩔 수 없이 티칭 프로 등과 상의해서 무릎에 부담이 덜 가도록 스윙 폼을 바꾸어야 한다. 예를 들어 엉덩이 수술 후에 백스윙이 줄어들어 거리가 떨어지고 무릎에도 부담이 간다면 오른쪽 발을 뒤로 살짝 빼면서 스윙한다면 고관절에 걸리는 스트레스를 줄일 수 있다. 타구의 궤적이 바뀌고 새로운 상황에 적응하기 위해 연습도 꽤 해야 하겠지만 그런대로 백스윙도 줄지 않고 거리도 유지할 수 있다.

전방십자인대 손상

무릎의 안정성을 유지해주는 구조물로 대표적인 것이 십자인대(cruciate ligament)이다. 인대는 대개 일직선으로 한 방향으로 뻗어 있으며 십자가처럼 생긴 인대는 없다. 후방십자인대와 전방십자인대가 서로 교차되는 모양으로 생겨서 십자인대라고 부르는 것이다. 후방십자인대는 전방십자인대보다 손상 빈도도 낮고 수술로 치료하지 않아도 근력강화만으로 잘 사는 경우가 많다. 전방십자인대가 손상되면 대부분 수술적 치료가 필요하다.

전방십자인대는 주로 무릎(경골)이 앞으로 빠지는 것을 막아주고 과도한 회전력에 저항한다. 다치면 무릎이 아프고 불안정해진다. 설령 아프지 않더라도 자꾸 밀리는 무릎을 몇 년 놔두게 되면 연골판이나 연골까지 망가져버려 관절염이 빨리 오게 된다. 타이거 우즈는 십자인대 파열 후에도 몇 게임 더 뛰고나서 수술을 했지만 보통은 관절 연골의 손상이 오기 전에 빨리 수술하는 게 좋다.

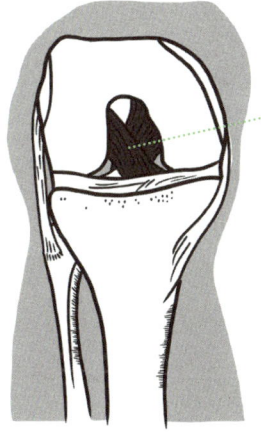

무릎의 십자인대

반월상 연골판 손상

무릎 속에 딱딱한 연골을 보호해주면서 안정성도 주는 쿠션이 되는 구조물이 있는데 초생달 또는 반달같이 생겨서 반월상 연골판이라고 부른다. 속된 말로 '도가니'라고도 부른다. 손상되면 아프고 붓고 놔두면 결국 연골이 으깨지면서 관절염을 부른다. EPL의 영웅 박지성 선수도 이 연골판 손상으로 몇 차례 수술하고 뛰었다. 결국 연골판을 넘어서 연골 자체까지 다치면서 미국에서 마지막 수술을 받게 되었고 몇 년 더 뛰다가 결국 은퇴의 길을 걷게 되었다.

 스윙에서 회전력이 많이 가해지고 그린에서도 수없이 앉

앉다 일어섰다를 반복하는 골퍼는 이 연골판의 손상에 취약할 수밖에 없다. 내측과 외측 두 개의 반월상 연골판 중에 내측 안쪽 손상이 더 많다. 손상 초기에는 비교적 간단한 수술로 고칠 수 있지만 치료 시기를 놓쳐서 손상이 자꾸 진행되는 경우를 자주 보게 된다. 골퍼가 가끔 무릎 아픈 것이야 어찌보면 당연할 수 있지만 1~2주 이상 계속되거나 붓게 되면 정형외과를 빨리 찾는 것이 좋다.

무릎 연골 손상

십자인대나 연골판 손상의 종착역은 연골 자체의 손상이다. 연골은 잡티 하나 없이 깨끗해야 수십 년을 매일 수천 번 비비고 다닐 수 있는 것이다. 마찰계수도 매우 낮아서 얼음과 얼음을 서로 비비는 것보다 30배는 낮아 매우 미끌미끌하다. 여기에 스크레치가 나기 시작하면 점차 벗겨져가고 금이 가면서 관절염이 발생하는 것이다. 연골 부스러기가 떨어져나가 염증을 일으켜 붓고 아파지기도 한다.

    떨어진 연골 조직은 녹아 흡수되기도 하지만 마치 도 닦는 스님의 사리와 같이 점차 커져서 경첩 사이에 낀 돌멩이처럼 관절운동을 방해할 수 있다. 연골 손상이 있다고 보호해주고 가만히 앉아 있다고 해서 낫거나 유지되는 것은 아니다. 허벅지 강화 운동을 하면서 걸어야 한다. 그런 면에서 많이 걷는 골프가 매우 좋은 운동이다. 다만 울퉁불퉁한 길이나 비탈을 피하고 가급적 평지에서 걷는 운동을 늘려가야 한다.

무릎을 빨리 펴야 하나, 천천히 펴야 하나

타이거 우즈 선수의 스윙을 보면 장쾌한 임팩트 후에 왼쪽 다리가 멋지게 펴지면서 멋진 피니시 자세를 만든다. 지면 반발력을 이용해서 멋지게 하체를 돌려준다. 아마추어가 따라하기에 쉽지 않을 뿐더러 이렇게 하다가는 오히려 다리를 뻗으면서 머리를 들게 되어 탑볼을 치기 쉽다. 헤드업 되기 쉽고 배도 앞으로 들리면서 소위 배치기를 할 수도 있다. 한 발 더 나아가 무릎이 빨리 펴지면서 꼬이면 내측 측부인대와 전방십자인대에 무리를 주게 된다. 그렇게 타이거는 무릎을 다쳤다.

이번엔 타이거만큼 또는 타이거보다 더 장타자인 더스틴 존슨의 스윙을 보자. 공을 임팩트한 후 왼쪽 무릎이 여전히 구부러져 있다. 팔로우 스루 마지막에야 마지못해 펴진다. 타이거의 스윙이 더 멋지고 따라하고 싶은 사람이 더 많은 것 같지만 무릎 입장에서는 더스틴의 스윙이 좀 더 안전하다. 무릎에 무리도 적게 가면서 헤드업도 덜 되고 공을 좀 더 오래 볼 수 있는 장점이 있다. 무릎을 빨리 세게 펴는 것은 무릎 자체에 무리가 갈 뿐만 아니라 탑핑의 원인도 된다. 여러 가지 이견이 있겠지만 정형외과 의사로서 더스틴의 무릎에 한 표를 던진다.

사실 무릎을 빨리 펴면서 돌려주든 천천히 펴주든, 나중에 팔로우 스루가 끝나고 피니시 동작에서 무릎은 어차피 다 펴지게 되어 있다. 무릎을 빨리 펴면 좋지 않은 또다른 이유는 일관성이 떨어지기 쉽다는 점이다. 회전축이 변하면서 단단한 하체가 아니면 일순 축이 흔들리기 쉬워져 방향성도 떨어진다. 이래저래 무릎은 천천히 펴야 한다.

헤드업 방지를 무릎으로

여러 프로들의 강의를 보면 백스윙 탑에서 왼쪽 무릎에 체중을 옮기는 것으로 다운스윙을 시작한다. 이후는 제각각이다. 지면 반발력을 이용해서 왼쪽 무릎을 펴면서 파워를 내는 방법부터 왼쪽 무릎을 바깥쪽으로 돌려주면서 다운스윙을 리딩하라고도 한다. 프로들의 스윙을 보면 결국 왼쪽 다리가 쫙 펴지면서 멋진 피니시를 보이는데 여기에 현혹되면 안 된다. 아마추어에게 왼쪽 무릎은 수동적(passive)으로 움직여야 한다. 아니 오히려 움직이지 않으려고 노력해야 한다. 왼쪽 무릎을 펴거나 앞으로 억지로 보내려하면 몸의 축이 흔들리거나 머리가 들리게 된다. 다운스윙 때 왼쪽 무릎 체중부하 후에 왼쪽 하지는 임팩트까지 움직이는 않는다는 느낌으로 가야 한다. 몸이 돌면 자연스럽게 움직이게 되어 있고 임팩트 후에는 더욱 자연스럽게 무릎이 펴지게 된다.

벙커샷을 하는 프로들의 무릎을 보면 극명하게 알 수 있다. 임팩트까지 거의 왼쪽 무릎이 움직이지 않는다. 아마추어들이 불안한 마음에 왼쪽 무릎에 힘을 주고 펴다가 탑볼을 치고 벙커 탈출을 못하거나 홈런볼을 치게 된다.

야구에서 타자들도 무릎 다 펴고 휘두르지 않는다. 단단히 디딘 채로 힘 있게 휘두르면서 임팩트 때나 그 이후에야 펴지는 타자가 많다. 드라이버를 휘두르든 숏게임을 하든 마찬가지다. 그래야 머리를 들지 않게 되고 공을 좀 더 길게 볼 수 있다. 빨리 펴봤자 부상만 잦고 힘이 나기는커녕 볼품없는 배치기만 나온다.

골퍼의 무릎에 좋은 운동

무릎 강화하는 운동은 유튜브만 검색해도 수만 가지가 나온다. 정형외과 영역에서 가장 많은 환자를 괴롭히는 부위가 무릎이다. 무릎을 강화하면서 아마추어의 스윙을 안정시켜주는 운동을 하나 꼽으라면 '전방 런지(forward lunge)'를 들 수 있다. 무릎을 보호하는 여러 근육 중에 대퇴사두근(Quadriceps)을 강화하고 스윙 파워에 가장 중요한 엉덩이 근육까지 한번에 강화하는 데 매우 좋은 운동이다.

다만 골퍼에게 좀 더 강조되어야 할 사항은 런지를 하면서 발바닥의 밸런스에 매우 신경을 써야 한다는 것이다. 전방 런지를 하고 몸을 낮출 때 어느 무릎 각도로 내리든지 체중이 발바닥 이쪽 저쪽으로 쏠리지 않게 신경을 쓰면서 천천히 내리고 천천히 올리도록 하자. 단단한 허벅지와 더불어 스윙 전 공을 맞이할 때 자신감을 주고 흔들림 없는 스윙에 많은 도움이 된다.

그외에도 다른 근육강화 운동이 있겠으나 무릎도 강화하면서 심폐기능도 강화시켜주는 두 마리 토끼를 잡는 운동이 자전거다. 일주일에 2~3회 이상 30분 넘게 자전거를 타고 땀을 흘린다면 몸 건강은 물론 스윙 시 무릎을 보호해주고 스윙 시 안정감도 더해줄 것이다.

골퍼의 무릎에 좋은 신발

카트를 타지 않고 걷고 싶은데 조금 걸으면 시큰시큰하고 아파지기 시작한다. 급기야 무릎이 점차 아프고 여기저기 쑤시는데 병원 가면 뼈는 이상이 없다고 물리치료나 좀 하자고 한다. 치료를 받으면 좀 나은듯 하다가 다시 불편하고 아파진다. 여간 짜증나는 일이 아니다. 이런 경우 대퇴슬개 부전증(patellofemoral dysfunction)이나 슬개골 연화증(chondromalacia patella)를 의심해볼 수 있다. 여러 가지 원인이 있을 수 있지만 한 번 생기면 한 방에 해결하는 방법이 없다. 오랜 기간 골퍼를 괴롭힐 수 있고 허벅지 근력강화 등을 통해 극복할 수 있지만 허벅지 근력강화 운동이 오히려 무릎 통증을 유발시키는 원인이 되기도 한다.

다른 한 가지 원인은 발 축의 변형이다. 발 뒤꿈치가 퍼지면서 평발 비슷한 축의 변화가 일어나는 상태를 발이 회내전(pronation)된다고 하는데 이 상태가 되면 하지의 경골이 내

회전되면서 무릎에 무리가 가게 된다. 이 경우 발의 내측을 살짝 받쳐주는 깔창을 해주어 축을 바로잡아주면 무릎 통증 감소에 도움이 될 수 있다. 깔창은 자신의 발 모양에 맞춰주는 것이 가장 좋겠지만 적게는 20만원에서 많게는 50만원까지 비용이 발생한다. 우선 마트 등에서 파는 깔창을 먼저 사용해보는 것이 좋다. 이외에도 스파이크가 없고 바닥이 운동화 같은 신발은 팔로우 스루일 때 발을 지면에서 떼어주게 되므로 무릎에 과도하게 걸리는 비틀림을 막아주어 무릎 통증이 있는 골퍼에 다소 도움이 될 수 있다.

7장 - 발과 발목 주변을 다치지 않는 골프

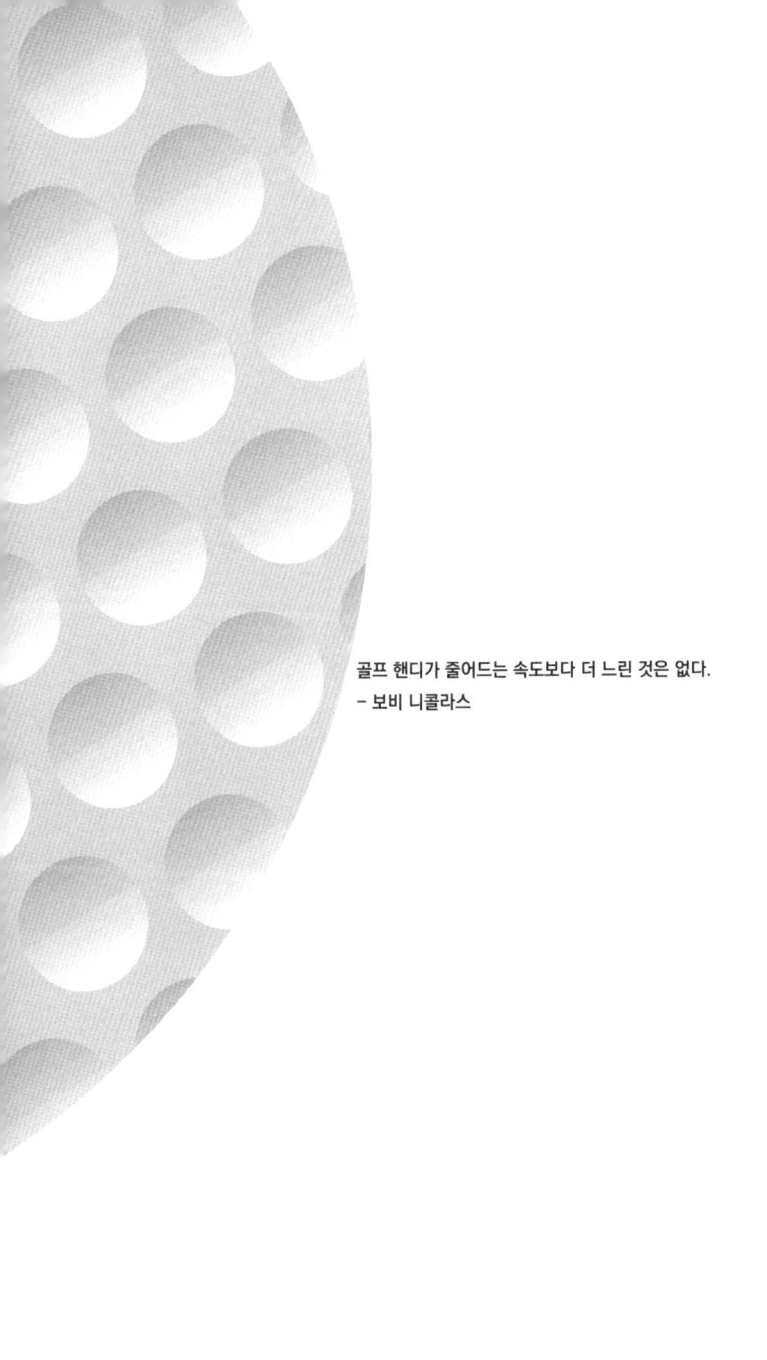

골프 핸디가 줄어드는 속도보다 더 느린 것은 없다.
- 보비 니콜라스

발목이 발목 잡는 순간

토니 피나우(Tony Finau) 선수는 생애 처음으로 2018 마스터스에 참가하게 된다. 상당히 감격적이고 자랑스러운 일이었을 것이다. 부인과 아이들이 지켜보는 가운데 본 대회가 열리기 전에 하는 파3 콘테스트에 나가게 된다. 티에 올라가서 친 공이 처음엔 깃대를 멀리 지나치는 것 같았다. 엣지 근처 그린 위에 떨어진 공이 잠시 멈추는 것 같더니 이내 백스핀이 걸리면서 한참을 옆으로 굴러가더니 마술처럼 홀로 빨려 들어간다. 엄청난 환호가 터졌고 피나우는 숨길 수 없는 기쁨으로 앞으로 팔을 들고 뛰기 시작한다. 수십 발자국을 뛰다가 가족이 있는 뒤를 보는 여유를 부리며 뒤로 걷기 시작했는데 이내 발목이 꺾이면서 빠져버리고 갑작스러운 통증에 주저앉았다. 발이 상당히 뒤틀린 것으로 보여 심각한 부상이 우려되었지만 결국 본 게임에 참가해서 다행스럽게도 우수한 성적을 거둔다.

발목 손상은 골프선수에게 그리 많이 발생하진 않는다. 몸이 진행하는 방향을 바꾸면서 몸을 급격히 틀거나 점프를 많이 한다면 모를까 골프는 비교적 하체를 땅바닥에 잘 붙이고 해야 하는 경기라서 발목 손상이 많지는 않다. 물론 잘못된 체중이동과 과도한 스웨이 등으로 가해진 체중이 발 뒤꿈치나 아킬레스에 무리를 줄 수 있으나 골프스윙과 특별히 관련되어 생기는 손상은 적다.

골프를 즐기거나 스윙 자체로 발목을 다치는 것이 그리 많지는 않지만 과거 발목을 다쳤던 사람이거나 원래 발목에 문제가 있던 사람이라면 얘기가 다르다. 과거 발목을 자꾸 삐거나 발목 이쪽저쪽 시큰했던 사람은 필드에 나갔을 때 그 증세가 악화된다. 골프는 연습장에서처럼 편평한 곳에서 샷을 하는 경우가 티 박스 말고는 거의 없다고 해도 과언이 아니다. 대부분 많게든 적게든 앞뒤좌우 경사가 있다. 연습장에서 그렇게 잘 맞던 공이 필드 나가면 그렇게 안 맞는 이유 중에 하나이다.

발목의 인대는 한번 삐면서 늘어나거나 찢어지면 그 전의 강도를 다시 회복하기 힘들다. 그렇다고 발목 인대가 반드시 아주 굳세고 단단해야 제대로 작동하는 것은 아니다. 발목은 좁고 조그마한 구조물이 커다란 몸 전체를 지탱해야 하는 만큼 비교적 안정된 구조로 되어 있다. 건축에서 목재를 서로 끼고 이어서 연결할 때 장부구멍(mortice)에 낀다고 얘기한다. 발목은 아귀가 완전히 딱 맞는 장부구멍은 아니지만 안쪽 복숭아뼈와 바깥쪽 복숭아뼈가 거골(talus)라는 발목의 뼈를 잡고 있어서 이런 건축 구조물 같은 안정성이 있다. 뼈의 안정적 구조 때문에 발목의 인대가 좀 다치고 늘어나더라도 어렵지 않게 잘 걸어다니는 것이다. 그래도 발목을 자꾸 삐고 그 횟수가 점차 늘어나면 쉽게 피로하거나 아픈 불안정증이 생기고 심하면 연골까지 상처를 입는다.

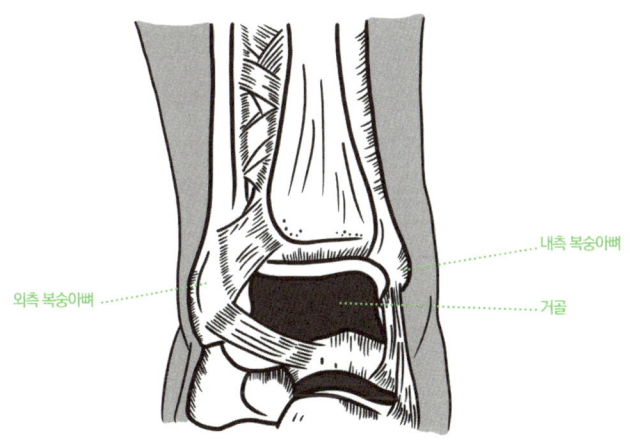

발목의 구조

발목 보호대와 발목 강화운동

필드에 나가서 좀 오래 걷거나 스윙 시에 통증이 있다면 발목 보호대(brace)를 대주는 것도 좋은 방법이다. 시중에 많은 보호대가 나와 있고 디자인 차이가 좀 있지만 그 기능은 대동소이하다. 아무거나 발목에 맞는 것을 사서 차보고 스윙을 해보면 된다.

주의할 점은 발목 보호대를 오래 착용하고 거기에 많이 의지하게 되면 주변 근육 및 인대가 오히려 약해질 수 있다는 것이다. 만성적으로 발목이 불안정하고 아픈 사람에게는 농구화처럼 발목까지 보호해주는 골프화를 신으면 좀 더 좋을 것이다. 미국에는 시중에 있는데 한국 시장에는 아직 없는 것 같아 안타깝다.

발목 인대가 약한 사람은 쉽게 피로하고 불안해 하고 자기 발목에 믿음감이 떨어져 가끔 허무하게 삐면서 바닥에 널부러지는 경험을 하게 된다. 인대를 단단히 해주는 주사나 아예 확실하게 꿰매는 수술을 하는 경우도 일부 있으나 일단 최우선으로 해야 하는 것은 주변 근육을 강화하는 것이다.

이가 없으면 잇몸이라고 인대가 좋지 않으면 주변 근육이라도 튼튼해서 동적인 안정성(dynamic stability)에 기여하고 불안정성을 보상해줘야 한다. 인대는 상하면 다시 회복하기 쉽지 않지만 근육은 조금만 열심히 운동해주면 상당히 커지면서 힘도 세진다. 요즘 유튜브 등 인터넷에서 발목 강화운동(ankle strengthening exercise) 또는 비골근 강화운동(peroneal strengthening exercise) 등으로 검색해보면 많은 동영상이 나온다. 이중 맘에 드는 한두 개를 5~10분 정도 일주일에 3~4회, 약 2~3주 반복하면 발목에 힘이 가며 안정감을 느낄 것이다. 백스윙과 팔로우 스루 때 일부 밀리는 현상에도 도움이 된다. 골프스윙 때 좌우로 많이 밀리는 현상이 발생하면 발에 깔창(insole)을 맞추는 것도 도움이 된다. 발바닥 바깥쪽을 살짝 들어주어서 외측의 인대에 걸리는 긴장을 줄여주면서 무릎 안쪽이 아픈 환자에게도 도움이 된다.

발목과 밸런스를 위해 체중이동부터 줄여라

앞서 척추 손상 예방을 위해 스웨이와 체중이동을 줄이라고 이야기했다. 발목 부상 차원에서 다시 한 번 언급하고자 한다. 흔히들 체중이동을 잘해야 한다고 말한다. 백스윙 때 오른쪽으로 체중을 보냈다가 팔로우 스루 때에 다시 왼쪽 발로 체중을 거의 다 옮겨주어야 한다는 것이다. 틀린 말은 아니다. 그러나 아마추어가 체중을 이리 옮겼다 저리 옮겼다 하는 것은 일관성만 떨어지고 몸이 흔들리게 되며 발목 관절에 부담만 더 간다.

　체중이동을 강조하는 프로들의 이야기를 들으면 다른 세상 이야기 같다. 필드에 가만히 놓인 공도 정확히 맞추지 못해 애먹고, 헛스윙과 탑볼을 남발하는 아마추어들에게 이리

갔다 저리 갔다 하는 체중이동이라니. 감히 말하건대 아마추어는 체중이동을 줄여야 한다. 하체를 가만히 조용히 놔두고 상체로만 뻣뻣하게 치라는 얘기가 아니다. 하체는 자연스럽게 돌아주되 몸 전체가 헐렁대는 것을 줄여야 한다는 말이다. 골프는 오른쪽으로 갔다가 왼쪽으로 가는 이동이 아니라 회전운동이다.

　무거운 클럽을 오른쪽 뒤로 들어올리면 체중이동을 하고 싶지 않아도 자연스럽게 오른쪽으로 체중이 쏠리게 마련이다. 이때 너무 오른쪽으로 가서 오버스윙이 안 되게 하는 게 더 힘들다. 이때 아마추어 백돌이에게 중요한 것은 오른쪽 발과 다리에 체중을 얼마나 실어야 하는지가 아니라 회전이다. 클럽을 들고 회전만 잘하면 체중이동은 자연스럽게 된다. 그래도 이리저리 불안하고 정타가 맞지 않으면 왼쪽 발이 좀 더 중심잡기에 기여해야 한다. 왼쪽 발을 얼마나 붙들고 있는지가 밸런스(balance)를 결정한다. 30~40퍼센트 정도는 왼쪽 발에 체중을 놔두고 밸런스를 유지하면서 턴해야 한다.

　몸은 달팽이나 나선구조처럼 꼬여서 가는 것이다. 클럽이라는 무거운 물건을 움직이니 어쩔 수 없이 체중이 가는 것이지 억지로 너무 보내려 했다가는 낭패를 보기 쉽다. 오른쪽으로 체중이동을 하되 왼쪽 발은 바닥에 붙이고 몸이 늘어나는 것처럼 해야 한다. 아무리 오른쪽으로 클럽을 도끼자루 들듯이 힘껏 들었다 치더라도 왼쪽 발이 바닥에 붙어 있으면 애니메이션 영화 〈인크레더블〉에 나오는 '엘라스티'처럼 다시 공 있는 데로 올 수 있다. 왼쪽 발을 떼다시피 했다가 다시 다운스윙 때에 왼쪽에 체중을 보내려고 하면 어디로 가야 할지 헤맬 수 있다. 회전축이 몇 도씩 비틀리기도 한다. 벤 호건이라면 몰라도 아마추어가 그렇게 하면 일관성이 떨어지고 발목에 무리만 간다.

디셈보의 일관된 스윙 비결

필드 위의 물리학자라고 불리는 브라이슨 디셈보 선수의 스윙을 보면 왼쪽 다리에 체중을 실은 후 백스윙 때 체중이동을 거의 안 하는 것처럼 보인다. 왼쪽 다리를 중심으로 거의 제자리에서 돌아 꼬았다가 다시 그대로 풀어준다. 오히려 백스윙 때 오른쪽 엉덩이가 왼쪽으로 가면서 왼쪽 발로 체중이동을 하는 것처럼 보이기도 한다. 그렇다고 디셈보 선수가 결코 비거리가 짧은 선수는 아니다.

   프로들이 장타를 치려면 체중이동을 잘하라고 하는데 사실 체중을 왕창 실어서 임팩트를 하는 것 못지않게 장타에 중요한 요소는 헤드 스피드다. 체중이동 잘하는 것보다 왼쪽에 체중을 제대로 두고 축을 움직이지 않고 회전하는 것이 헤드 스피드를 올리는 데 유리할 수 있다. 골프 천재소녀로 각광받으며 현재 LPGA에서 미국 선수 중 비거리가 단연 최고인 렉시 톰슨도 왼쪽 발에 체중을 많이 놔두고 스윙을 한다. 임팩트 시에 펄쩍 뛰면서 발이 들리는 경우도 많지만 백스윙 때는 견고하게 왼쪽에 체중이 남아있는 것을 볼 수 있다. 그래서인지 남들보다 디봇도 크고 힘도 잘 전달되는지 여자선수 중에서 장타로 명성이 높다.

TV로 KLPGA 프로들의 스윙을 10분만 관찰해보자. 다른 곳은 보지도 말고 발만 보라. 백스윙 시에 왼쪽 발이 바닥에 본드를 붙여놓은 것처럼 가만히 있는 선수를 많이 볼 수 있을 것이다. 물론 공을 맞히고 난 뒤에는 클럽이 앞으로 쏠리면서 발도 팔짝 바닥에서 튀거나 꺾이고 돌아가기도 한다. 이걸 막을 수는 없다. 공을 임팩트하기 전의 고요한 왼쪽 발을 보면, 우리가 어떤 스윙을 해야 하는지 체중이동을 한답시고 너무 많은 스웨이를 발생시키지 않는지 힌트를 얻을 수 있다.

백돌이 탈출하려면 스탠스를 줄여라

리키 파울러에게 공을 더 멀리 보내고 싶을 때 어떻게 하냐고 물었더니 스탠스를 더 많이 벌리고 백스윙을 좀 더 천천히 한다고 답했다. 스탠스를 넓히면 뒤로 체중이동을 많이 할 수 있어 비거리를 늘리기에 도움이 된다. 그러나 아마추어가 스탠스를 넓히면 정확도부터 떨어진다. 일반적으로 자세의 안정을 위해 스탠스를 적당히 벌리라는 충고를 많이 들는데 백돌이는 오히려 스탠스를 적당히 줄여야 한다. 너무 많이 벌리는 것보다는 적당한 어깨 넓이로 좀 작은듯 벌리는 게 오히려 회전 시 속도를 높여준다는 보고도 있다. 회전 속도가 바로 거리다. 좌우로 쏠리는 것도 줄어 임팩트 타이밍의 일관성도 좋아져 방향성에도 도움이 된다.

"파5홀을 맞이한 백돌이. 간만에 호쾌한 드라이버를 날리고 페어웨이 중간으로 보무도 당당히 걸어가는데. 오랜만에 맞은 기회에서 멋지게 투온을 노린다. '못해도 파는 하겠지' 하는 심산으로 페어웨이 우드를 집어들고 냅다 휘두른다. 연습장에서 어느 정도 잘 맞았던 기억이 있어 멋진 샷으로 그린을 노려보는데 힘이 확 들어가면서 자세는 휘청, 탑볼과 함께 쪼루루, 마음은 급상심 ㅜㅜ. 이미 평정심을 잃고 파온은 커녕 보기(bogey)도 힘들어진다."

이래서야 백돌이 탈출이 쉽지 않다. 매번 마음에 내상을 입는다. 여기서 포인트는 공을 더 멀리 보내기 위한 우드나 드라이버도 백돌이는 스탠스를 너무 넓히면 안 된다는 것이다. 우드나 하이브리드도 스탠스를 원래 서던 것보다 좀 더 줄여서 선다면 세컨드 샷에서 거리를 욕심을 낼 때 허무하게 무너지는 샷을 줄이게 된다. 사실 백돌이는 스탠스를 줄여야 거리도 더 난다. 몸통의 스웨이가 줄고 정확성이 향상되니까. 더불어 발목에 걸리는 압박 회전력도 줄어든다.

다리를 넓게 서서 단단히 발을 붙이고 스윙을 해도 이리저리 흔들리고 일관성이 떨어지는데 스탠스를 줄이라니, 이 무슨 어이없는 이야기인가 라는 생각이 들 수도 있다. 근육 좋은 프로들이야 스탠스를 예쁘게 줄이고 가볍게 스윙해도 흔들리지 않고 원하는 거리에 보낼 수 있지 아마추어는 불가능하다고 느낄 수 있다.

사실 스탠스를 좀 줄인다고 스윙이 더욱 불안정해진다면 그 스윙은 잘못된 스윙이다. 물론 스탠스를 너무 줄인 나머지 한 발로 서다시피한다면 밸런스(balance)가 깨지겠지만 말이다. 어깨 넓이나 그보다 약간 더 줄인다고 스윙이 불안해진다면 스윙에 문제가 있는 것이다. 체중이동이 과도하거나 회전이 부족하거나 쓸데없는 힘이 과도하게 가해졌다는 증거다. 클럽을 최대한 뒤로 빼면서 백스윙을 하는데 오른쪽으로 체중이 쏠리고 불안해지므로 발을 넉넉히 벌리면 편할 수 있지만 이는 과도한 체중이동으로 이어지고 과도한 스웨이가 되면서 일관성 있는 임팩트는 안드로메다로 간다.

많은 프로들이 오른쪽 발을 뒤로 보내면서 약간 밸런스만 도와주고 왼쪽 발을 앞에 놓고 스윙 연습을 해보라고 한다. 이것은 근육 좋고 밸런스 좋은 프로나 하는 게 아니라 오히려 아마추어들이 더욱 해야 하는 연습이다. 이때 흔들리지 않게 회전이 일어나며 스윙이 되어야 진짜 스윙에서도 높은 일관성과 헤드 스피드를 만들어낼 수 있다.

아킬레스 문제가 아킬레스라면

아킬레스는 종아리의 통통한 근육을 발 뒤꿈치까지 이어주는 줄, 즉 힘줄이다. 많은 여성들이 종아리가 통통해서 보톡스를 맞는 경우가 많았으나 요즘에는 남성들도 쫙 빠진 정장 등을 입기 위해 약물이나 수술의 도움을 받아 근육을 줄이기도 한다. 이 종아리 근육이 점차 아래로 내려가면서 좁아지고 손가락 굵기의 힘줄로 변하는데 이 부분부터 뒤꿈치뼈에 닿는 부위까지를 가리켜 아킬레스 건이라고 한다. 이 얇은 줄이 걸을 때 체중의 2~3배까지 스트레스를 받는다. 뛸 때는 체중의 7배까지의 부하를 견뎌야 한다.

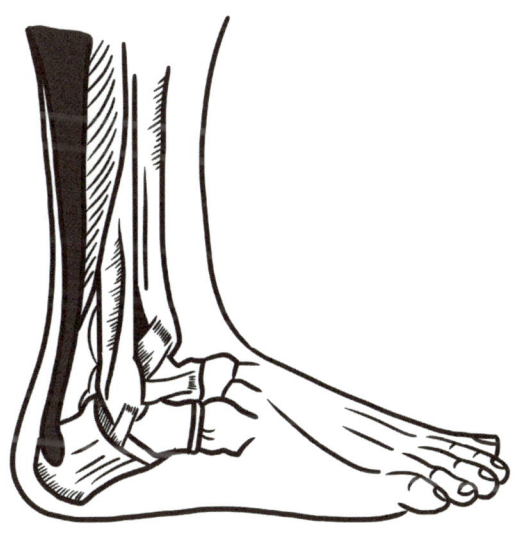

그렇다고 이 부위가 쉽게 끊어지지는 않는다. 높은 곳에서 뛰어내린다거나, 준비운동 없이 축구 경기를 하다 갑자기 큰 힘이 걸려서 허무하게 끊어지는 경우도 있지만 수 년 또는 수십 년에 걸쳐서 점차 조금씩 상해가면서 퇴행성 변화가 생긴 나머지 장애나 파열을 유발하기도 한다. 사실 아킬레스가 끊어지거나 없다고 해서 걷지 못하거나 골프를 못하는 것은 아니다. 그러나 끊어져서 힘이 떨어지거나 퇴행성 변화가 생기면서 염증으로 만성적 통증을 유발하면 골퍼에게 상당한 괴로움을 준다.

아킬레스 건염이 있는 골퍼는 드라이버 거리도 줄게 되고 무엇보다 걸을 때도 통증이 오기 때문에 즐거워야 할 라운딩이 고통의 추억이 될 수 있다. 과거 타이거 우즈도 아킬레스 통증 때문에 경기를 포기한 적이 있었고 당시 팬들에게 꾀병이라는 비난에 시달리기도 했다. 당시 아킬레스 건염을 줄이기 위해 여러 차례 신발을 바꿀 정도였다. 아킬레스 건염으로 고생한 타이거 우즈가 잭 니클라우스의 메이저 우승 기록을 넘는데 방해가 되는 아킬레스 건(약점)이 바로 아킬레스 건 자체가 될 것이라는 언론 보도가 나오기도 했다.

아킬레스 문제를 줄이기 위해서는 가장 중요한 것을 하나 꼽자면 라운딩 전 충분히 스트레칭을 하는 것이다. 스트레칭 잘하는 것 만으로도 타수를 줄이는 데 도움이 되고 몸 곳곳의 근육과 힘줄로 가는 혈액량을 늘려준다. 아킬레스 건은 인체조직 중에서 혈액순환이 가장 취약한 조직 중의 하나이다. 혈액순환을 올려주는 게 무엇보다 중요한 이유다.

골프는 편평한 잔디 위에서 공을 치는 것이라고 생각하지만 사실 연습장이나 그렇지 실제 페어웨이에서 편평한 곳은 거의 없다고 봐야 한다. 아킬레스 건염 환자는 울퉁불퉁한 길을 걷는 것을 줄여야 하며 스탠스가 너무 어색하거나 가파르고 불안정한 곳에서는 동반자의 양해를 구해서라도 스윙하는 것을 피해야 한다. 그래도 통증이 계속된다면 물리치료나 운동치료가 많이 도움이 된다. 심한 경우 주사치료도 회복을 촉진해줄 수 있다. 아주 심한 경우라도 스테로이드 주사는 아킬레스 건염에서는 가급적 피해야 한다.

무지외반증과 골프화 고르기

엄지발가락 안쪽이 붓고 빨개지고 아프다. 발가락 끝이 멍멍해지면서 찌릿거리고 불쾌하다. 디딜 때 아파서 걸음걸이도 이상해지고 허리까지 아픈 것 같다. 안쪽에 엄지발가락과 발등뼈를 이어주는 관절을 구성하는 뼈가 튀어나오면서 염증이 생기는 무지외반증의 전형적인 증상들이다. 이유는 많지만 쉽게 얘기하면 선천적 요인을 부모님한테 물려받은 사람에게 예쁘고 좁은 구두 등을 많이 착용하는 후천적 요인이 복합적으로 작용하면서 생긴다.

딱 맞는 신발을 끈까지 졸라매고 뛰어다니는 조기 축구

회원들이나 험한 지형에 붙어다녀야 하는 암벽등반 애호가 등도 특히 조심해야 한다. 선천적 요인과 모양을 바꾸는 방법은 수술밖에 없다. 고칠 수 있는 후천적 요인을 먼저 교정하는 것이 치료의 시작이다. 그중에서 골퍼에게는 골프화 선택이 매우 중요하다.

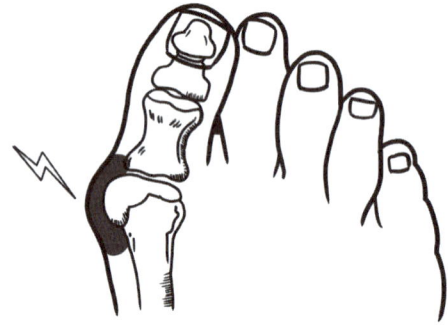

무지외반증

많은 아마추어 골퍼들은 신발에 대한 환상이 있다. 발에 딱 맞을수록 흔들림이 적고 공을 더 잘 맞출 것이라는 믿음이다. 신발이 발에 타이트하게 맞는다고 몸에 스웨이나 흔들림이 적어지는 것이 아니다. 심지어 프로들은 물렁물렁한 재활기구 위에서도 밸런스를 유지하는 운동도 하고 바닥이 흔들려도 스웨이가 잘 일어나지 않는다. 물론 너무 헐렁거리면 안 되겠지만 너무 딱 맞는 신발은 공을 치는 데도 도움이 되지 않고 엄지발가락의 통증만 악화시킨다.

골프화 중에서 미끈하게 잘 빠지고 끝이 뾰족한 신발은 피해야 한다. 뭉툭하고 좀 못생긴 신발이 좋다. 또 밑창이 넓어서 평행을 유지하는 데 도움이 되는 신발이 좋다. 크기는 가급적 본인이 생각하는 것보다 약간 큰 치수를 고르는 것이 낫다. 신발이 크면 미끄러지거나 불안해질까봐 걱정을 하지만 약간 신발이 크더라도 오히려 큰 신발 속에서도 밀리고 흔들리지 않도록 하체의 밸런스를 유지해주는 연습을 해야 한다. 밸런스가 흐트러지지 않고 체중이 어느 한쪽으로 과도하게 쏠리지 않는 것에 집중하면서 스윙을 하는 것이 일관성에 도움이 된다.

새끼발가락이 아픈, 소건막류

드라이버를 열심히 휘두르고나니 왼쪽 새끼발가락이 아프다. 라운딩하고 나면 아파서 절게 된다. 엄지발가락 못지않게 발의 외측에도 통증이 심하다. 이와 같이 엄지발가락이 안쪽에 닿아서 아픈 것과 마찬가지로 발의 바깥쪽에도 마찰이나 밀림에 의해서 딱딱한 굳은살이 생기고 아파지는 상태를 소건막류(Bunionette)라고 한다.

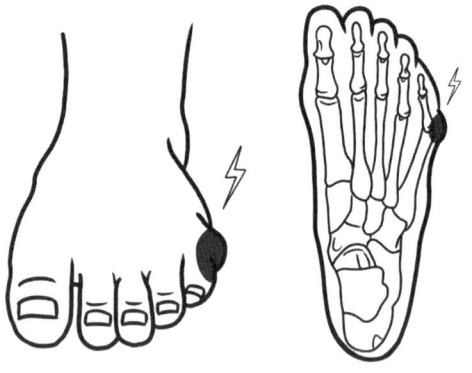

　선천적으로 새끼발가락으로 가는 발등뼈는 약간 외측으로 활처럼 휘어져 있다. 이것이 사람마다 정도 차이가 있다. 많이 휘어서 움직이고 좁은 신발을 신고 몸을 왔다갔다하면 뼈와 살이 스트레스를 많이 받는다. 중족골의 머리부분이 매우 크거나 튀어나와 있어서 생기기도 한다. 세계 최고 스트라이커 중의 하나인 네이마르 선수는 이 뼈가 많이 휘어 있어 소건막류는 아니지만 그 위 부분에 스트레스 골절로 여러 번 고생하고 오래 결장한 적도 있다.

　골프에서 이 부분이 아프다면 신발이 잘못되었거나 스윙의 메카닉스가 잘못되었거나 두 가지 문제 중의 하나다. 신발은 단순히 크다고 다 아프지 않은 것은 아니다. 체중이 옆으로 밀리면서 살이 미끄러지는 힘을 받게 되면 외측에 압력이 많이 걸리는데 발바닥 닿는 면이 미끄럽지 않고 안정성이 있어야 한다. 볼이 넓어도 미끌리면 자꾸 닿게 마련이다.

스윙의 메커니즘은 왼쪽 발에 체중이 실리면서 바닥에 힘을 주는 게 다운스윙의 시작인 것은 드라이버나 숏아이언이나 모두 마찬가지다. 숏아이언은 비교적 밸런스를 잘 맞추면서 왼쪽 발바닥에 체중을 분산하며 스윙하던 골퍼도 드라이버만 잡으면 앞으로 멀리 보내고 싶은 마음이 앞서 왼쪽 발 외측으로 체중이 지나치게 쏠리면서 마찰이 증가한다. 드라이버 시에 발이 외측으로 자꾸 밀린다면 드라이버 시에 욕심을 줄이면서 거리보다는 밸런스에 좀 더 집중하는 것이 좋겠다.

얼마전 뉴욕의 유명한 모델이 하이힐 등 예쁜 신발을 신기 위해서 이 발뼈를 교정하는 수술을 한 것이 많은 논란을 불러일으키기도 했다. 신발 편한 것을 신는 게 먼저지 좁고 길다란 신발에 발을 구겨넣고자 수술을 하는 게 윤리적으로 합당하냐는 얘기였다. 골프도 스윙의 욕심은 버리고 발 편한 신발과 자세 교정이 먼저다.

무지 강직증

무릎이나 다른 관절처럼 엄지발가락에도 관절염이 올 수 있다. 이를 무지 강직증(hallux rigidus)이라 한다. 엄지에 관절염이 오면 엄지를 위로 드는 게 힘들어지고 울퉁불퉁한 길을 걸을 때나 높은 힐을 신을 때처럼 발가락이 위로 꺾이는 게 아파진다. 통풍도 이곳이 흔히 아프게 되므로 통풍으로 오해 받아 다른 치료를 하는 경우도 있다. 심해지면 발가락을 아래로 내려도 살이 당겨지면서 아프게 된다.

　매일 조깅을 해야 살아있다고 느끼는 미국 사람들한테 많이 생긴다고 알려져 있으나 우리나라 사람들도 스포츠 활동이 늘어나면서 고통받는 사람들이 많이 늘고 있다. 골프에서는 스윙 시에 반복적으로 과도하게 꺾이는 동작을 수도 없이 반복하다보면 관절이 점점 닳게 된다. 그렇지만 많이 쓴다고 항상 관절염이 오는 것은 아니다. 마라톤을 뛰고 골프 라운드를 수백 번 해도 안 생기는 사람이 더 많다. 가끔 치는 주말 골퍼에게 생기는 경우는 유전이나 선천적으로 불리하게 감수성이 있는 경우이다. 관절 모양이 둥글지 못하고 편평하거나 엄지가 길거나 발 모양이 남다르거나 중족골의 위치가 정상과 다른 경우가 있다.

　오른손잡이는 오른쪽 엄지발가락이 왼손잡이에서는 왼쪽 엄지발가락에서 스윙할 때 많이 꺾이고 아파지는 경우가 많다. 한번 아프기 시작하지면 팔로우 스루를 완전히 끝내지 못하고 스윙을 엉성하게 하다 말게 된다. 심하면 걷기도 힘들어지고 계속 카트를 타고다녀야 한다. 이를 완화하기 위해서는 골프화 바닥이 유연하지 않고 오히려 잘 꺾이지 않는 단단한 골프화를 신어야 한다. 이런 경우 쿠션은 있으나 꺾이지 않는 나무판이나 얇은 철판을 깐 신발을 신기도 한다. 징이 없는 운동화 형태의 신발이 상당히 유연하고 착용감도 편해서 선호하는 골퍼들이 있으나 무지 강직증이 있는 사람은 피하는 게 좋다.

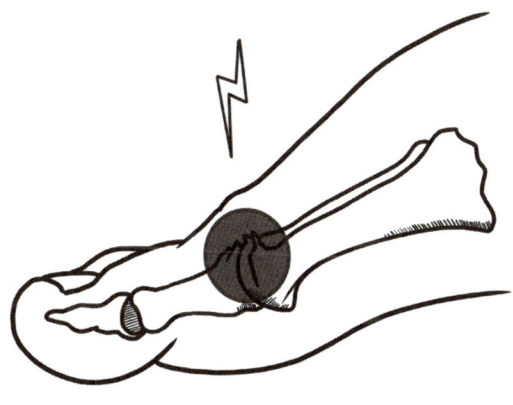

무지 강직증

하이힐의 신경종, 골퍼 발의 신경종

인체를 보면 뼈와 뼈 사이로 혈관이나 신경줄이 많이 지나다닌다. 발등뼈도 그 사이사이로 지나다니는 신경줄이 많다. 뇌에서 멀리 있는 손가락과 발가락의 신경줄은 다쳐도 큰 장애가 남지 않을 수 있는 것 같아도 한번 문제가 생기면 여간 성가신 게 아니다. 보통은 여자들이 하이힐을 신거나 볼이 좁고 사이즈가 작은 신발을 신어서 생기는 증상이다. 신발이 커지면 옷의 맵시가 안 난다는 이유로 좁은 신발 속으로 발을 구겨넣다보면 여러 문제가 발생하는데 이 신경종(Neuroma)도 그중 하나다.

발등뼈나 발가락 사이의 신경이 좁은 신발 속에서 자꾸 눌리다보면 얇은 신경줄이 점차 두꺼워지면서 통증을 유발한다. 진짜 종양처럼 저절로 커지는 것은 아니지만 자극에 의해 어느 정도 크기가 커지므로 신경종(腫)이라는 이름을 붙인다. 몇 분 걷게 되면 주로 세 번째와 네 번째 발가락이 저리고 화끈거리고 오그라드는 것 같다. 좀 걷다가 신발을 벗고 발을 열심히 주무르면 간신히 풀리지만 걷다보면 다시 아파온다. 이것 때문에 못 걷고 클럽을 못 휘두르는 것은 아니지만 즐거워야 할 라운딩이 굉장히 괴로운 경험이 된다.

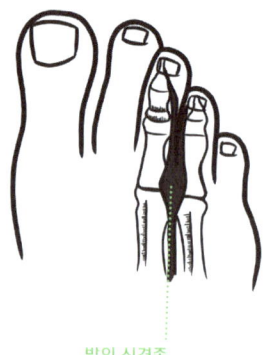

발의 신경종

골프화는 남자나 여자나 모두 좁고 작고 빡빡하게 신어야 한다고들 믿는 것 같다. 너무 헐렁해서는 안 되겠지만 너무 작아도 좋지 않다. 신발이 딱 맞게 잡아줘야 스웨이를 줄일 수 있다고들 생각하지만 반드시 맞는 말은 아니다. 아무리 큰 신발을 신어도, 고무공 위에 올라가서 스윙해도, 스웨이되지 않고 밸런스 흔들지 않게 스윙할 수는 있다. 반대로 아무리 기가막히게 딱 맞는 신발을 신어도 체중이동을 함부로 했을 때는 스웨이가 된다.

발에 통증이 있는 골퍼는 골프화를 약간 여유가 있고 한 치수 큰 것을 신기 바란다. 여러 시간 라운딩을 위한 발의 혈액순환을 위해서도 큰 게 좋고 신경종 증상도 줄여줄 수 있다. 발바닥에 스파이크가 달린 부분은 발바닥 신경의 압력을 증가시키는 원인이 될 수 있다. 발 앞의 아픈 쪽 근처의 스파이크는 빼버리거나 스파이크 없는 골프화로 바꿔보는 것도 도움이 될 것이다.

중족골통 예방은 발 보호부터

발바닥을 보면 발 뒤꿈치에 지방층이 통통하게 붙어 있고 그 앞쪽 부분은 날씬하다가 발 앞쪽에 다시 통통한 부분이 있다. 이 부분이 중족골두(발등뼈의 머리)가 있는 부위이다. 하이힐을 많이 신거나 단거리 달리기, 도약 등 앞으로 치고 나가는 운동을 많이 할 때 체중이 전부 쏠리면서 무리가 가고 부상당하기 쉬운 부분이다. 그래서인지 이 부분을 보호하기 위해 나무에서 내려온 인류가 쿠션층을 발달시켜 걸음걸이를 향상시켰다. 이 부분은 움직임이 원활하고 쿠션이 있어야 한다. 상당한 압력에도 발 앞부분을 보호하고 사냥을 하고 위험으로부터 재빨리 달아나는 데 도움이 되도록 고도로 분화된 지방층으로 둘러싸여 있다. 뱃살이나 기타 다른 부위의 덕지덕지 붙은 지방은 잠시 방심하여 몇 그릇 과식으로도 다시 두툼하게 튀어 나오지만 발바닥에 붙은 지방은 한 번 얇아지고 망가지면 밥을 아무리 먹어도 통통하게 차오르지 않는다.

중족골두 주변은 큰 부상을 당하지 않더라도 20대 말이나 30대 초반이면 퇴행성 변화가 일어나고 점차 망가져간다. 가문의 전통으로 일찍 얇아져가면서 아파지는 사람들도 많다. 이런 선천적 문제야 어쩔 수 없겠지만 중족골을 보호하고 통증을 줄이려는 노력은 평생 해야 한다. 평균 수명이 80대에 육박하는 시대에 이 부위가 일찍 아파지기 시작하면 평생 걷는 게 고통이 될 수 있기 때문이다.

골프를 즐길 때나 일상생활 중이나 이 부분을 항상 보호하고 감싸주는 것이 필요하다. 한때 맨발로 자극을 주며 걸으면 발이 단련되고 좋다고 아파트 단지마다 자갈길을 만들기도 했다. 보통 단련보다는 고문이 되기 쉽다. 절대 그렇게 발을 혹사해서는 안 된다. 로마군이 더 용맹해지고 작전 능력이 늘어난 것은 신발을 신기 시작하면서부터다. 마사이족이 맨발로 다녀서 건강하다고 주장하는 인사들도 있으나 그분들의 평균 수명이 그리 높지도 않고, 마사이족들도 요즘은 신발을 신고 다닌다. 신발을 사기에 상당히 궁핍한 마사이족들은 폐타이어를 잘라서 발을 보호하고 걸어다니기도 한다.

아마추어와 프로를 불문하고 카펫이 아닌 딱딱한 마루바닥 위에서 살아야 하는 한국인 골퍼들은 젊고 아프지 않을 때부터도 슬리퍼를 신는 등 발을 보호하기 위한 노력을 해야 한다. 중족골이 아파지기 시작하면 80년 이상 사는 인생에, 발이 도움이 되는 친구가 아니고 고통의 근원이 되는 비극이 발생할 수도 있기 때문이다.

골퍼의 발 냄새

골프뿐만 아니라 신발 신고 5시간 넘도록 운동하고나서 발 냄새가 나지 않기는 좀처럼 힘들다. 대부분에게는 샤워 잘하면 해결되는 문제이지만 일부에게는 매우 걱정거리가 된다. 골프화를 자주 바꿔야 하는 이유가 되기도 한다. 인공적인 샴푸나 향수, 데오드란트 등으로 매일 무장하는 현대인에게 고유의 체취가 남아있는 유일한 장소는 발이다. 일부 학자는 사람에게서 동물처럼 페로몬의 향취가 남아있는 부위가 발이라고 꼽히기도 한다. 그래서인지 발 냄새가 좋다고 일부러

코를 대고 맡아보는 사람들도 있다.

우리 몸에는 땀을 만들어내는 땀샘이 피부조직에 있는데 그 수가 수백 만 개에 이른다. 그중에서도 땀샘이 가장 많이 밀집해 있는 곳이 발이다. 1제곱 센티미터당 600여 개의 땀샘이 있다. 그래서 우리 몸에 땀이 가장 많이 나는 곳이 발인 것이다. 발바닥에 땀 나도록 열심히 일하라는 말이 있는데 발바닥은 일 안 해도 땀이 가장 많다.

땀이 많이 나면 자연히 냄새가 많이 나는 것일까? 원래 땀은 별다른 냄새를 풍기지 않는다. 그 땀 속 성분 중에 염분, 당, 아미노산, 심지어 비타민 등의 성분이 분비되는데 이것이 원래 피부에 사는 세균(Bacteria)이 먹고 분해하면서 그 부산물이 냄새를 내는 것이다. 사람들마다 발에서 나는 냄새는 왜 다른 것일까? 사람의 대장에는 수조가 넘는 수의 세균이 살고 있고 그 구성이 사람마다 다르다. 무슨 세균을 물려받았는지 다르고, 무슨 음식을 자주 먹는지도 다르기에 집집마다 화장실 냄새조차 다르다. 장내 세균이 다양한 것처럼 사람의 피부에 사는 세균도 매우 많고 다양하다.

발에서 가장 많이 발견되는 종은 포도상구균이다. 특이 이 포도상구균(Staphylococci)이 많이 발견되는 '동네'는 주로 발등이 아닌 발바닥이었으며 그 부위는 발바닥 중에서 중족골과 엄지발가락이 만나는 두툼한 지역이다. 이 세균들이 발생시키는 이소발레르산의 냄새는 탁월한 향을 자랑하는 아주 오래 묵힌 벨기에산 림버거(Limburger) 치즈의 냄새에 비유하기도 한다. 골프 등의 운동 후 발 냄새를 효과적으로 줄이려면 발가락 사이보다는 이 부분을 공략하는 게 좀 더 효과적일 것이다. 그러나 샤워 후 잠시 줄었던 발 냄새는 어느새 다시 돌아온다. 99.9퍼센트 세균을 죽인다는 항균제 사용도 그다지 현명해보이지 않는다. 장내 나쁜 세균을 죽인다고 사용했던 항생제가 오히려 몸속의 좋은 세균들을 죽이고 오히려 나쁜 세균을 창궐시키는 결과를 초래할 수 있는 것처럼 말이다.

우리 몸 어디나 그렇지만 발의 피부에도 수많은 균들이 살고 대부분의 균들은 나쁜 세균들이 침투하는 것으로부터 우리를 보호해준다. 우리편이라는 말이다. 맘에 안 드는 세균을 죽이겠다고 성능 좋은 항균제를 남용하면 우리편 세균들도 떼죽음을 당하고 오히려 나쁜 세균들이 득세할 수 있다. 면으로 된 양말을 신고, 땀이 많이 나면 라운드 중간에 갈아신자. 운동 후 엄지발가락과 발바닥이 만나는 두툼한 부위를 일반 비누를 사용해서 잘 씻어주자.

내 발의 체중이동을 남들이 모르게 하라

어드레스 때 발의 어느 부위에 체중을 두어야 하는지는 늘 논란이 많다. 많은 프로들이 발 앞쪽에 체중을 좀 더 실어서 어드레스와 백스윙을 하라고 이야기한다. 사실 발에서 살짝 앞쪽으로 체중을 실어야 부드럽게 체중이동이 되면서 좀 더 역동적으로 스윙할 수 있다. 그러나 의학적으로나 스윙 역학적으로는 많은 아마추어에게 도움이 되지 않을 수 있는 개념이다. 투어 프로의 대단한 밸런스 감각이 있다면 이러한 개념이 맞을지 모른다.

골프는 회전 운동 시에 회전축이 발의 앞쪽에 정교하게 걸리고 이것이 흔들리지 않는다면 좋은 스윙이 될 수 있다. 아마추어에게 이러한 개념은 여차하면 앞뒤로 흔들리고 망가지는 샷이 나오기 쉽다. 자칫 앞쪽에 너무 쏠리면서 뒤땅을 치기도 한다. 발 앞쪽에 압력이 쏠리면서 중족골통이나 신경종이 생겨 고생할 수도 있다. 어드레스 때 체중은 무릎을 살짝 더 구부리면서 발 전체에 고르고 평등하게 체중을 싣도록 해야 한다. 그래야 아마추어는 좀 더 일관된 스윙을 할 수 있다. 이것을 백스윙 탑까지 잘 유지하도록 발바닥에 주의를 집중해보자. 다만 다운스윙 때 오른쪽 내측으로 체중이 쏠려야 한다. 임팩트 후 뒤꿈치에 체중이 모아지면서 발이 돌기도 하지만 어드레스와 백스윙 탑까지 체중이 균일하게 분포되지 않고 앞뒤로 쏠리면 이를 감당할 아마추어가 많지는 않다.

타이거 우즈처럼 임팩트 후에도 왼쪽 발 뒤꿈치에 체중이 몰리지 않고 발바닥이 견고하고 전혀 들리지 않게 움직이지 않는 프로도 있다. 장타자 브루스 캡카도 엄청난 몸통 스윙을 보여주지만 백스윙 탑까지 발이 바닥에 붙어 있는 것처럼 안정되고 고르게 체중이 분포됨을 보여준다. 백미터 달리기나 수영하러 물에 뛰어드는 것이 아니라면 발 앞쪽에 체중을 실어야 할 이유가 없다. 공을 치고 뛰어가서 홀을 빨리 끝내야 하는 종목이라면 그럴 수도 있겠다.

그래도 흔들리고 일관성이 떨어지는 골퍼라면 뒤꿈치에 살짝 체중이 가도록 하는 것도 도움이 된다. 뒤꿈치에 두자고 몸이 뒤로 기울어지게 하자는 것은 아니다. 사실 체중을 뒤에 두든 앞에 두든 밖에서 보는 사람이 모를 정도로 살짝 움직여야 한다. 발 앞에 힘준다고 뒤꿈치를 번쩍 들었다가놓으면서 셋업하는 아마추어도 있는데 절대 금물이다. 오리가 발을 어떻게 움직이는지 물 밖에서는 안 보이는 것처럼 신발 속에서 발의 어디로 힘이 가는지 남들이 모르게 비밀로 해야 한다.

8장 - 그밖에 다치지 않는 골프

여러 가지 해저드 중에서 최악의 해저드는 두려움이다.
- 샘 스니드

타수 줄여주는 워밍업, 왜들 안 하나?

위크엔드 골퍼의 가장 큰 문제 중 하나는 워밍업이 제대로 안 된다는 것이다. 몇 홀 망치고나서야 땀이 좀 나거나, 심지어 전반 9홀 돌아야 몸이 풀리는 날도 있다. 티샷 시간 임박해 필드에 도착해서 한두 번 스트레칭하는 척 담소를 나누다가 드라이버를 휘두르는 경우라면 더 말할 것도 없다. 이래서야 타수를 줄이기는커녕 부상의 원인만 잔뜩 생긴다. 골프든 축구든 배드민턴이든 주중에 컴퓨터 앞에 앉아 요양원 같은 활동량을 보이다가 주말에만 전사가 되는 많은 한국인들은 특히 부상에 취약하게 마련이다. 월요일의 진료실에는 주말을 격하게 보내다가 다친 사람들이 밀어닥친다.

골프는 물론이고 어떤 스포츠도 스트레칭만으로 워밍업이 되지 않는다. 프리미어 리그 축구 중계를 보면 벤치 옆에 자전거가 있고 출장을 준비 중인 선수들이 열심히 페달을 돌리는 것을 볼 수 있다. 가볍게 뛰든지 페달을 밟든지 체온을 1도 정도는 올릴 수 있을 만큼 운동을 해야 진정한 워밍업이다. 그래야 심장이 좀 더 빨리 뛰고 그래야 관절과 근육으로 혈류를 증가시키고 골프클럽을 휘두를 준비가 된다. 그렇다고 체온계를 들고 다닐 필요는 없다. 실질적으로 겨드랑이에 땀이 좀 흐를 정도가 되면 된다. 빨리 걷는 다거나 살짝 조깅을 하는 것도 도움이 된다. 늦게 도착해서 워밍업이 충분하지 못하다고 느끼면 첫 몇 홀은 카트를 타지 않고 빨리 걷거나 뛰는 것으로도 많은 도움이 될 것이다.

　한국 재활의학과의 한 연구에 의하면 스트레칭 없이 드라이버를 잡은 경우보다 스트레칭을 한 후의 비거리가 늘었다고 한다. 비거리는 스트레칭 시간과 비례해서 늘었고 30분을 스트레칭한 경우 10여 미터 이상 차이가 났다. 문제는 대부분 저질 체력의 아마추어가 30분 스트레칭했다가는 본 게임에서 클럽을 휘두를 힘이 다 빠져버릴지도 모른다는 사실이다. 평상시 하체운동과 기초체력 운동이 필요한 이유가 여기에도 있다.

　골프에서 스트레칭은 다른 운동에 비해서 팔의 각관절을 뻗어주기만 해서는 부족하다. 뻗어서 꺾는 것에 더해서 쥐어짜듯 비틀어주어야 한다. 어릴 적 가위바위보를 하기 전에 팔을 꼬아 들여다볼 구멍을 만들 때처럼 최대한 팔을 비틀고 10초 이상 버텨주는 것이 전완 근육 이완에 유용하다.

　위스콘신 대학병원 정형외과 콘(Kohn) 교수가 권하는 방법은 골프클럽을 쥐고 상체 스트레칭을 시작하는 것이다. 이후 점차 짧은 클럽에서 무거운 클럽으로 옮겨가면서 빈 스윙을 하는데 점차 골프스윙의 아크를 늘려가는 것이 좋다고 한다. 전완부 근육을 순응시키는 데도 좋아 부상을 방지해주고 예전부터 연습해왔고 일관성 있게 잘 맞았던 근육의 기억을 깨우는 데도 도움이 된다고 한다. 드라이버를 휘두르려면 드라이버가 아닌 샌드웨지부터 들고 몸을 풀어야 한다.

　시간적으로 충분히 여유 있게 필드에 도착한 분들이 몸을 풀면서 공을 쳐볼 수 있는 골프장들이 있다. 모든 클럽을 다 휘둘러볼 필요는 없고 짧은 클럽으로 시작해서 서너 개의 클럽으로 연습을 해보자. 프로들은 가지고 있는 클럽의 반 정도를 가지고 몇 개씩 쳐본다고 한다. 드라이버를 잘 치려면 가장 짧은 샌드웨지부터 흔들어야 일관성을 높이고 부상을 줄일 수 있다.

안타깝게도 현실은 그렇지 않다. 차가 막히거나 일이 생겨서 급하게 도착하게 되어 여유가 5분밖에 없다면 어떻게 할까? 짧은 클럽으로 천천히 칩샷 정도의 기분으로 짧게 몸을 풀어야 한다. 몇 분 여유가 없는데 첫 홀을 앞두고 드라이버를 맹렬히 휘두르면 몸에 무리가 가고 부상의 원인이 된다. 또한 리듬감만 해치게 되고 오히려 나중 드라이버 잡을 때도 도움이 안 된다. 짧은 클럽으로 짧고 부드럽게 리듬을 상상하며 몸을 풀어야 몸 근육과 힘줄에 부상을 줄일 수 있다.

첫홀을 앞두고 드라이버를 못 휘둘러보아 불안해진다면 드라이버를 안 잡으면 된다. 거리가 짧더라도 우드를 잡고 부드럽게 치는 것이 첫 홀부터 드라이버로 공을 다른 홀로 날려보내는 것보다 훨씬 기분 좋게 라운드를 시작할 수 있다. 어떤 프로는 일주일에 한 번 정도 라운드를 도는 아마추어에게 아예 드라이버를 치지 말라고 얘기한다. 모든 샷의 반 이상은 숏아이언을 잡고 하는 것이기도 하다. 어쨌든 급한 마음에 마구 휘두르는 드라이버는 몸과 마음에 도움이 안 되는 것뿐만 아니라 다치기 십상이다.

프로들이 보여주는 웨글의 중요성

웨글은 셋업 자세에 들어가기 전에 골프클럽을 흔들어보는 동작을 말한다. 프로들의 어드레스 자세를 잘 보면 공과 타겟을 번갈아보면서 손목과 클럽을 설렁설렁 흔들어준다. 공에 클럽을 조준하기 전에 클럽을 흔들며 집중하는 모습을 볼 수 있다. 단순히 불안해서 덜렁거리는 것은 아닐 것이다.

앞으로 흔들고 뒤로 흔들고, 웨글 백 웨글 포워드(waggle back waggle forward)를 실제 본인이 치고 싶은 리듬에 맞추어 공까지 흔들어보는 것이다. 아주 부드럽고 천천히 웨글하는 프로도 있고 좀 신경질적으로 보일 정도로 빨리 흔드는 프로들도 있으나 어쨌든 흔든다.

그렇다고 클럽을 앞으로 뒤로 홱 채면서 덜렁덜렁 아무렇게나 흔들면 안 된다. 클럽을 휘두를 때 공에 다가가는 궤적을 한번 부드럽게 시험하고 상상해보면서 웨글을 해야 한다. 공을 타격할 때 미스샷이 날까봐 두려워하는 생각도 줄어들고 실제 타격 임팩트도 좀 더 정확해진다. 요즘에는 손목을 사용해서 웨글하는 프로도 있지만 몸 전체를 그 방향으로 돌리면서 천천히 웨글하는 프로도 많은 것 같다. 호주의 천재 소녀 리디아 고 선수를 보면 백스윙 전에 1미터 정도 뒤로 뺐다가 제자리로 돌아오면서 자기가 휘두를 스윙의 궤적을 확인하는 것을 볼 수 있다. 자신만의 웨글을 만들어야 한다.

작용 반작용을 이겨내고 퍼팅을 정복하라

골프 코스는 다양하고 각 코스마다 공략 특성이 있다. 항상 드라이버를 잡는 것이 아니고 각 홀마다 각 선수마다 다양한 클럽을 선택한다. 항상 아마추어들이 가장 많이 준비하는 것은 드라이버 스윙이다. 드라이버가 대부분의 코스를 시작하고 지배하며 가장 많이 친다고 생각하기 때문이다. 사실은 다르다. 라운딩할 때 가장 많이 드는 클럽은 퍼터다. 드라이버가 가장 많다고 생각하는 골퍼들이 많은데 사실은 다르다. 한 라운드에서 클럽을 휘두르는 횟수의 40퍼센트 이상이 퍼터다. 좀 과장해서 골프의 반은 퍼팅이라고 생각하면 크게 틀리지 않는다. 한 라운드에서 드라이버는 14~15번 정도 잡지만 퍼터는 최상위 선수가 아닌 이상 드라이버의 2배가 넘게, 30번 이상 잡는다. 그래서 퍼팅을 무시하고 좋은 스코어를 낼 수가 없는 것이다.

이렇게 퍼터가 중요한데 퍼팅에 관해 레슨을 받거나 훈련을 충분히 하는 사람은 별로 본 적이 없다. 대부분 드라이버와 아이언 스윙에 대한 고민의 10퍼센트도 퍼팅에 할애하지 않는다. 일주일에 1회 이하로 라운딩하는 아마추어 골퍼는 드라이버를 아예 잡지 말라고 하는 프로의 말이 일리가 있을 지경이다. 연습장에서 드라이버만 냅다 휘두르면 오히려 몸에 무리가 가니 우드로 티샷을 하고 드라이버 연습할 시간에 우드나 퍼팅 연습을 하는 게 부상을 줄이는 측면에서 훨씬 좋을 수 있다.

퍼팅에 대한 레슨을 강조하려는 것이 아니다. 레슨을 받는 것이 가장 좋겠지만 퍼팅에 대한 비디오나 방송은 반드시 찾아보자. 여러 연습이 있겠지만 여기서 백돌이 탈출에 가장 중요하면서 비디오에 잘 나오지 않는 이야기가 바로 작용 반작용의 법칙이다. 커다랗고 무거운 드라이버나 아이언을 휘두를 때만 머리가 뒤로 제껴지는 것이 아니다.

퍼터를 들었다가 앞으로 밀면 머리가 살짝 뒤로 밀린다. 영화에서 총을 쏘면 몸이 뒤로 밀리는 것과 마찬가지다. 퍼터도 드라이버나 아이언을 휘두를 때처럼 이것을 이겨내야 한다. 드라이버나 아이언보다 살짝 흔들린다고 우습게 보았다간 큰 코 다친다. 머리가 살짝 흔들려 1~2도라도 틀어지면 공이 똑바로 갈 수가 없다. 페어웨이는 넓어서 몇 도 틀려도 웬만하게 그럭저럭 괜찮은 자리에 떨어질 수 있다. 퍼터는 1~2도 틀려지면 공은 웬만한 데로 구르겠지만 홀에 들어가지는 않는다.

퍼팅할 때 양발의 앞쪽에 체중을 살짝 실으라는 말을 많이 듣는다. 이는 충분히 많은 연습을 한 프로한테나 하는 얘기인 듯하다. 자꾸 머리가 흔들리는 백돌이나 아마추어는 무게를 양발의 가운데에 두는 게 더 안전하다. 머리가 자꾸 뒤로 흔들린다면 앞발(오른손잡이의 왼쪽 발)에 좀 더 무게를 많이 두어야 한다. 왼쪽 발에 무게중심을 두어야 퍼터를 휘두를 때 머리가 뒤로 밀리는 것이 줄어들고 좀 더 일관성 있게 스트로크 할 수 있다. 스트로크가 곡선인지 반듯해야 하는지, 템포를 어떻게 맞출지, 그린을 어떻게 읽는지 등 퍼팅도 공부하자면 한도 끝도 없다. 우선 백돌이들은 이런 것들에 너무 신경 쓰지 말고 머리 잡고 있는 데 더 신경 써야 한다. 머리만 안 흔들려도 라운드 당 적어도 몇 타는 줄일 수 있다.

내적 신호, 외적 신호

훌륭한 코치나 교습가들은 멋지고 쉬운 촌철살인의 코멘트를 날리며 스윙의 단점과 심리를 극복하는 데 결정적 도움을 주곤 한다. 육상, 테니스, 농구, 야구 모든 스포츠에서 다 그렇다. 모든 사람 하나하나 다르게 내적 신호(Internal cue)나 외적 신호(External cue)를 주는 지도자가 참 많다. 외적 신호라는 것은 간단히 얘기하면 페어웨이 옆에 물이 있어서 겁을 내는 아마추어가 있다면 물을 그냥 흙으로 생각하라는 신호를 전달하여 불안을 줄여주는 행위를 가리킨다.

내적 신호는 외적 신호보다 더욱 다양하다. 샷을 할 때 몸이 앞으로 밀리는 사람에게 다운스윙을 시작할 때 왼쪽 허벅지부터 조이라고 주문한다. 어떤 선수는 하체보다 상체가 리드한다는 느낌으로 쳐야 더 부드럽게 된다고 자기만의 독특한 내적 신호를 전수한다. 다운스윙 때 살짝 앉는 느낌을 강조하는 프로도 있고 어떤 사람은 손가락의 움직임을 나름 기준으로 삼기도 한다. 샷을 할 때 수건을 던지는 느낌을 머리에 그려보라는 것도 좋은 내적 신호의 예라고 할 수 있다.

프로선수들은 자신만의 노하우나 독특한 내적 신호를 가지고 있다. 골프 구루(Guru)들 여럿이 돌아가면서 출연하고 그들의 노하우를 들어보는 프로그램들이 있는데 다들 자신만의 내적 신호를 가지고 있고 그것을 시청자에게 설명하려고 노력하는 것임을 알 수 있다. 도를 깨달은 고승들이 인생을 정의할 때 나름의 표현이 각기 다른 것처럼 골프도 자신 나름의 경지와 내적 신호를 찾아가는 과정과 같다.

그렇다고 골프의 정석이 무시되는 것이 아니다. 기본기와 기본 룰을 먼저 익히고 연습하고 염두에 두되 이를 더 효과적으로 하기 위해서 나름의 느낌을 찾아내고 만들어가야 한다. 이를 무시하고 나만의 기분으로 마구 휘두른다면 일관성은 떨어지고 중구난방 와이파이 샷이 나올 수도 있다. 이 책에 소개된 제안들과 의학적 지식들이 여러분이 기초를 다지고 백돌이를 탈출하며 나름의 내적 신호를 찾아내는 데 도움이 된다면 좋겠다.

리듬과 템포를 완성 후 하산하라

모든 기술과 테크닉을 섭렵했다고 해도 골프스윙은 결국은 리듬과 템포다. 리듬이 좋지 않으면 이 모든 것이 결국 소용이 없다. 구슬이 서 말이라도 꿰어야 보배이듯이 각 스윙 포지션의 정석을 알더라도 여러 부분이 부드럽게 이어지지 않으면 소용이 없다. 자기 나름대로 숫자를 세기도 하고 힘을 빼는 주문을 외기도 한다. 테크닉이나 스윙 궤도가 똑같아 보이는데도 약간의 템포가 다르면 전혀 다른 샷이 나오기도 한다. 결국 스윙의 완성은 리듬과 템포인 것이다.

자기 나름의 스윙 템포를 만들기가 어려우면 최고 선수

중에 자기 취향에 맞고 따라하고 싶은 선수의 리듬을 따라해 보는 것도 좋다. 양희영 선수의 우아한 스윙을 머릿속에 떠올릴 수도 있다. 전인지 선수의 부드러운 템포를 따라하기도 한다. 남자 선수의 리듬은 원체 빨라서 아마추어가 좀처럼 따라하기 힘들다. 섣불리 따라하다 허리만 삐끗하는 수가 있다. 브랜든 스톤 같은 우아한 리듬을 가진 남자 선수도 있지만 이 선수 역시 따라하기 쉬운 스윙은 아니다. 피아노 연주할 때 박자 맞추는 메트로놈을 이용해서 스윙 템포를 조절하자는 이야기까지 나온다. 그런 것을 새로 살 필요는 없고 앱스토어에서 어플리케이션을 핸드폰에 내려받아 사용하면 유용하겠다.

여러 가지 템포의 스윙이 있는 만큼 템포에 정답이 있는 것은 아니다. 남은 거리에 따라 템포를 달리하기도 한다. 빠른 스윙, 느린 스윙 여러 가지가 있겠지만 어떻게든 백스윙 탑에서 느려지거나 순간적인 느낌을 가지고 잠시 잘 멈춰서야 한다. 그래야 다운스윙 때 근육이 준비가 되고 급격한 힘에 의한 근육의 미세파열과 부상의 위험이 적어진다. 백스윙 탑에서 아예 서있다가 내려오는 프로도 있다. 히데키 마쓰야마 선수의 스윙이 전형적이다. 부드럽게 이어지지 못하고 서있다가 내려오는 경우에는 거리의 손실을 볼 수 있어 권장되지 않기도 하지만 잠시 서있다가 내려오면 정확도도 높아지고 임팩트 때 더 빠른 스윙을 보이기도 한다.

LA 다저스의 유명 유격수 마차도의 물 흐르는 듯한 수비 동작은 야구가 아니라 예술이다. 체중이동과 춤추는 듯이 유연한 연속 동작을 보여주는 마차도 선수도 가끔 아주 여유 있을 때 잠시 섰다가 공을 뿌리기도 한다. 잠깐 섰다가 던지는 공이 총알 같이 빠르다. 잠깐 숨 고르고 섰다가 던지는 게 이 선수도 편하긴 한가보다. 임성재 선수도 백스윙이 아주 여유롭게 올라가면서 가끔 백스윙 탑에서 잠깐 쉬었다가 내려오는 것을 볼 수 있다. 임성재 선수는 정확도와 함께 엄청난 비거리를 자랑하는 차세대 골퍼다.

골프스윙도 물 흐르듯 체중과 근육의 움직임이 부드럽게 시작해서 끝까지 이어지는 게 이론적으로 가장 훌륭하겠지만 백스윙 탑에서 섰다가 힘을 쓰면 힘도 더 집중할 수 있고 정확도도 높일 수 있다. 개인적으로 남아공의 브랜든 스톤이나 영국의 대니 윌렛의 스윙 리듬과 템포를 좋아하고 따라하려고 노력하는데 이 선수들의 스윙은 백스윙 탑에서 찰나의 순간 잠깐 서있는 것처럼 보이다 부드럽게 내려온다. 마쓰야마 선수 같이 완전 힘 주고 서있는 것과는 많이 다르다. 여자선수로는 화려한 우승은 많지 않지만 최고의 일관성으로 꾸준한 성적을 내는 양희영 선수를 꼽을 수 있겠다. 빠른 드라이버 스윙에서는 잘 구분이 안 가기도 하지만 부드럽게 치는 100미터 이내의 샷을 보면 확연히 알 수 있다.

백스윙 탑에서 우아하게 멈추는 방법

일반적으로 동작을 멈춘다는 것은 팔과 손목을 사용해서 단단히 받친다는 것을 의미한다. 무거운 클럽을 허공에 번쩍 들고 동작을 안 하고 멈춘다는 것은 여간 힘이 들어가는 게 아니다. 매우 어색하기도 하다. 그렇다면 더욱 무거운 드라이버나 다른 클럽을 들어올려 안정되게 세워놓고 있으려면 근육을 매우 키워야 할 것이다. 골프에서의 멈춤은 오히려 힘을 더욱 주지 말아야 한다. 어떻게 막대기 끝에 쇳덩어리가 달린 클럽을 힘을 주지 않고 멈추란 말일까. 일견 역설적이긴 하지만 생각을 바꾸어야 한다.

힘을 빼면서 멈출 수 있는 마술을 부리는 방법 중에 하나는 겨드랑이가 몸통 또는 가슴과 일체감을 이루는 것이다. 겨드랑이가 몸통이나 가슴에 얹혀져 올라가야 한다. 겨드랑이에 수건을 끼고 스윙을 하면서도 수건이 떨어지지 않아야 한다고 하는 프로들의 말과 일맥상통한다. 몸통에 완전히 붙지 않더라도 몸통에 얹혀져 있는 느낌을 유지하면 힘도 빠지면서 훨씬 일관성 있는 스윙을 할 수 있다.

애니메이션 영화의 한 장면을 생각해보자. 집어던져진 사람이 공중으로 높게 올라갔다가 가속이 끝나는 지점에서 잠시 서서 멈추고 안도의 표정을 한 번 지었다가 다시 무서운 속도로 떨어지는 장면 말이다. 이러한 느낌을 상상하면서 클럽이 공중으로 들었다가 그때 오히려 손에서 힘이 더욱 빠져서 클럽이 공중에 머물고 있다고 생각하며 몸이 먼저 돌아야 하는 것이다. 더욱 스윙이 부드러워지고 클럽 헤드의 무게를 진정으로 느낄 수 있다.

백스윙 탑에서 손에 힘이 빠지고 클럽은 찰나의 순간 공중에 서있고 몸이 먼저 돌고 이후에 클럽은 몸통이 돌면서 끌려내려오는 손에 의해 수동적으로 이끌려서 중력을 타고 부드럽게 내려온다고 상상해보자. 브랜든 스톤이나 대니 윌렛의 스윙 경지에 다다르진 못할지라도 허무하게 잡아당기면서 막창에 공이 처박히는 일은 많이 줄어들 것이다.

부상을 줄이는 리듬, 가속은 근육 힘으로 하는 게 아니라 중력이 해야 한다. 마음을 조절하고 득도를 하고 천천히 백스윙을 해서 완벽한 자세를 만들었다 하더라도 다운스윙 때 서두르면, 뒤땅을 때리면서 충격을 엘보로 흡수하거나 마구 잡아당겨 훅이 나고 깎아치며 슬라이스가 나며 와이파이로 뿌려대는 참사가 발생한다.

프로들의 가르침은 무리해서 당기지 말고 헤드 무게를 느끼며 천천히 가속을 붙이다가 임팩트 근처에서 힘을 가해 가속을 붙이고 임팩트 직후에 가속이 극대화되어야 한다는 것이다. 부드럽게 내려오다 가속이 붙을 순간에 딱 맞게 가속과 싱크로나이즈되면서 힘을 살짝 주고 돌리면 가속은 배가 되고 더 멀리 공을 날려보낼 수 있을 것만 같다. 프로들의 스윙을 분석해보면 맞는 얘기지만 아마추어는 실제로 그렇게 하기 쉽지는 않다. 이를 염두에 두고 가속을 조절하려다가는 상체에 힘이 들어가고 무리해서 힘이 너무 들어가거나 뒤 땅 치기 일쑤이다. 아마추어는 이렇게 해서는 좋은 샷이 나오기 힘들다. 중력가속도는 무게와 관계 없이 $9.8m/s^2$이다. 힘을 세게 줘서 이 자연의 법칙을 너무 거스르는 시도를 하게 되면 신이 노해서 공이 제멋대로 가는 형벌을 받을 수 있다.

    팔의 힘을 빼고 가속을 붙이라는데 힘 빼면 클럽이 잘 들리지도 않는다. 힘을 빼는데 어찌 가속의 순간을 알아채고 힘을 주어서 더 가속을 붙이라는 얘기인가. 아마추어가 취해야 할 답은 가속을 버리는 것이다. 그렇다고 감속하라는 얘기는 더더욱 아니다. 클럽을 일정한 속도를 유지하려고 적당히 힘을 주어 스윙해야 한다. 다운스윙부터 팔로우 스루까지 일정한 속도로 유지하려고 적절히 힘을 가하면 그위에 중력에 의한 가속이 더해져서 부드럽게 프로와 같은 우아한 스윙이 나오게 된다. 가속을 자기 힘으로 조절하지 말고 그저 일정하고 균일한 스윙을 해본다는 생각으로 휘두르고 가속은 신이나 자연 또는 중력에 맡겨야 한다. 훨씬 일관된 스윙이 나오고 뒤땅도 현저히 줄어들고 엘보나 기타 부상도 줄어들 것이다.

뼈도 스트레스 받으면 골절된다

몸의 조직은 사소한 스트레스라도 자꾸 쌓이고 누적되면 손상을 입게 된다. 작은 바늘로 코끼리를 죽일 수 없지만 수천 번 찌르면 아무리 커다란 코끼리도 상처를 입게 된다. 인대나 힘줄뿐만 아니라 단단한 뼈 조직도 이러한 손상을 피해갈 수 없다.

매일 컴퓨터 앞에 앉아서 요양원 스타일로 생활하다가 주말만 되면 전사(warrior)가 되어 무거운 클럽을 들고 산과 들로 뛰어다니면 갑작스레 심한 스트레스에 뼈도 골병이 들게 된다. 험한 산악지형에서 라운드를 하고 발등뼈가 아파서 며칠 절고 다니기도 한다. 담 들려서 며칠 쉬거나 물리치료 또는 침을 맞고 나았던 상황이 여기에 해당될 수 있다.

가끔 골프 연습을 너무 열심히 해서 갈비뼈가 부러졌다는 자랑을 하시는 분들이 있다. 틀린 말은 아니지만 골프클럽을 휘두르다 뼈가 어긋나거나 절단되면서 부러지는 일은 없다. 갈비뼈와 날갯죽지뼈를 떨어지지 않게 붙여주는 전거근(앞톱니근)이 갈비뼈의 골막(뼈를 싸고있는 두꺼운 막)에 붙어있는데 스윙을 할 때마다 이 근육이 수축된다. 이렇게 갈비뼈의 골막을 당겨주면 골막이 자극을 받아서 수주 후에 엑스레이 검사를 해보면 골진이 나와 마치 부러진 후 치유되는 것처럼 보일 수 있다.

아주 심하면 골의 미세한 골절(피로골절, 스트레스 골절)이 발생하여 방사선 검사에서 보이게 된다. 가슴과 옆구리 쪽까지도 전거근이 붙어있어서 가슴 통증을 유발해서 심장의 혈관이 막히는 협심증과 혼동되어 의사들을 골탕먹이기도 한다. 평소 전거근 강화운동을 해준다든가 스윙 전 충분한 스트레칭, 스윙 시에 숏아이언부터 천천히 올리기 등을 통해서 이러한 가슴 저린 고통을 예방할 수 있다.

태양을 피하고 싶은 골퍼들

피부에 생기는 암은 여러 가지가 있으나 주로 백인들과 관련이 있다. 미국 인구의 20퍼센트에서 피부암이 발생한다고 하나 동양인에게서는 암 중에 2퍼센트 내외로 상대적으로 발병률이 낮다. 최근 들어 한국에서도 점차 그 수가 많이 증가하고 있다. 골프와의 직접적 연관성은 증명된 바 없으나 피부의 여러 암들이 자외선 노출과 관계가 있으므로 여러 시간을 야외에서 보내야 하는 골퍼는 아마추어라도 피부의 자외선 노출에 신경을 쓰는 것이 좋다. 피부 노화와 관련해서도 최근 여러 피부미용의 기술과 약물들이 획기적으로 개발되고 있다. 그러나저러나 아직까지 가장 효과적인 피부노화 방지책은 자외선 차단이라고 피부과 의사들은 입을 모은다. 모자는 챙이 넓을수록 자외선 차단이 효과적인 것이 당연하다. 일반 상식과 다르게 옷은 밝은 색깔의 옷보다 어두운 옷이 더 낫다.

  자외선 차단제는 앞에 써있는 자외선 차단지수 숫자에 크게 개의치 말고 자주 2~3시간에 한 번 이상 발라주는 게 좋다. 얼굴만 바를 게 아니고 목의 앞뒤도 발라주어야 하고 심지어 귀 뒤 볼까지도 신경 써서 바르자.

  자외선 차단제는 크게 화학적 차단제와 기계적 차단제로 나뉘는데 단순히 설명하자면 투명한 것은 화학적 차단이 주이고 하얗게 분칠하듯이 색깔이 칠해지면 기계적인 차단제이다. 피부과 논문 등에 의하면 기계적 차단제로 일본 가부키 배우 같이 하얀 떡칠을 하는 것이 가장 효과적이다.

  태양 아래서 살다시피 하는 프로 골퍼들은 선글래스를 착용하지 않고 플레이를 하는 경우가 더 많은 것 같다. 잔디에 라이를 읽거나 주변을 파악하는 데 맨눈이 더 유리하다면 골프가 직업인 이상 선글래스를 끼지 않는 건 어쩔 수 없다. 일부 선수들은 안경을 쓰지 않기 위해서 라식 등의 수술을 하기도 한다. 어쨌든 당장 좋은 성적을 거두고 먹고살아야 하는데 눈이 문제인가? 장기적으로 본다면 태양으로부터 가장 손상받는 기관 중의 하나는 눈이다.

  오랜 기간 야외에서 농사 일을 하거나 햇빛에 오래 노출되면 흰자위 안쪽 옆에 있는 살이 자라나와서 익상편(Pterygium)이라는 병적 조직으로 덮이기도 한다. 그 부위는 가장 눈이 늦게 감기는 부위이기도 하고 콧등에 반사된 햇빛을 가장 많이 받는 부위이기도 하다. 일부에서는 잘 때도 눈이 다 안 감기고 이 부분이 외부에 노출되는 사람도 있다. 모자를 열심히 눌러써도 잔디나 모래에 반사된 자외선에 노출되게 된다.

자외선은 눈의 가장 바깥을 덮고 있는 각막에 화상을 일으킬 수 있다. 장시간 골프나 스키를 타고 나서 눈물이 흐른 경험이 있다면 일정 부분 이 각막에 화상을 입었다고 봐야 한다. 다른 부위의 화상치료와 마찬가지로 치료의 기본은 찬물로 씻어주고 온도를 낮춰주면서 안정을 취하는 것이다.

더 심각한 문제는 백내장이다. 각막 뒤에는 빛의 굴절을 조절하는 렌즈(Lens), 즉 수정체라는 구조가 있다. 자외선에 오래 노출되면 수정체에 있는 단백질이 변성을 일으켜서 점점 하얗게 변하면서 시야를 방해하고 결국 사물을 선명하게 보기 힘들어진다. 생고기에 열을 가하면 고기가 구워지면서 색깔이 변하고 형태가 비틀어지는 것과 마찬가지 현상이다. 햇빛을 안 받고 살 수는 없으므로 나이가 들면 다들 조금씩 백내장이 생기는 게 당연하다.

햇빛에 노출이 많을수록 그만큼 일찍, 더 심하게 백내장이 오는 것도 당연하다. 뙤약볕에서 일하는 농부나 어부들이 선글래스를 착용했더니 백내장의 발생이 줄었다는 연구도 있다. 어떤 학자는 들판을 싸돌아다니며 자외선을 온몸으로 받지 않아도 일상 생활하며 노출되는 자외선도 주의하고 실내에서도 선글래스를 착용해서 눈을 보호해야 한다고 주장하기도 한다.

자외선 노출이 눈 건강에 미치는 가장 심한 문제는 황반변성(macula degeneration)이다. 눈 깊은 망막 주변에 있는 황반은 빛과 색깔을 받아들이고 이 빛에너지를 전기에너지로 바꿔서 뇌에 전달되는 역할을 하는 진화의 최고봉에 있는 정밀한 기관 중의 하나다. 이런 소중한 세포가 사망에 이르는 것이다. 손상이 진행되면 점차 사물을 뚜렷하게 보기 힘들어진다. 백내장은 비교적 간단한 수술로 고칠 수 있지만 황반변성은 훨씬 심각한 문제다.

참고로 블루라이트(blue light)가 황반변성을 일으키는 주범인데 푸른 색깔의 빛은 햇빛뿐만 아니라 모든 빛 속에 다 포함되어 있다. 햇빛 안 드는 어두운 집에서 TV를 보거나 컴퓨터를 봐도 블루라이트에 많이 노출된다. 밝은 데서 보면 동공이 수축돼서 망막에 닿는 블루라이트 양이 많지 않지만 어두운 데서는 동공이 열리기 때문에 가장 위험한 것은 불 꺼놓고 근거리에서 보는 스마트폰이다. 어쨌든 강하게 내리쬐는 햇빛은 조심해야 한다. 뾰족한 치료법이 없다. 예방이 최우선이다.

아마추어 골퍼를 위한 마인드 컨트롤

골프는 멘털게임이라고 한다. 마음속에 오만가지 잡념이 떠오르면 샷을 그르치기 십상이다. 동반자의 은근한 갈굼과 비아냥을 이겨내야 하는 강인한 정신력도 필요하다. 약간의 내기라도 할라치면 스트레스 레벨이 극에 달할 수도 있다. 마음을 컨트롤하고 비워야 하는데 쉬운 일이 아니다.

인도의 떠오르는 신성, 유러피안 투어 신인왕에 빛나는 슈방카 샤르마 선수는 자주 명상을 한다고 한다. 매홀마다 가부좌를 틀고 앉아서 하는 것은 아니고 샷과 샷 사이에 걸으면서 본인의 호흡에 집중한다. 숨을 들이쉬고 내쉬는 것에 집중하면서 다른 생각을 잊으려고 노력한다.

퍼팅할 때도 가능한 잡생각을 안 하고 빨리 치려고 한다. 마음을 비우는 것이다. 뭘 어떻게 잘해야지가 아니라 가능한 생각을 적게 하려고 노력하는 게 명상의 기본인 것이다. 의학적인 측면에서 명상과 명상의 기본인 호흡 조절이 답이다. 호흡에 집중하는 것을 마음챙김(mindfulness)이라고 부르기도 한다. 이에 대한 의학적 연구가 많다.

명상에 의한 호흡 조절은 몸의 면역력을 높이고 정형외과적 측면에서도 근육과 인대의 긴장을 풀어주고 관절 통증을 줄여준다는 여러 연구결과들이 많이 발표되고 있다. 티에 올라가면 왼쪽은 해저드, 오른쪽은 오비라는 얘기를 먼저 듣는다. 이 순간 뇌는 온갖 부정적인 생각으로 가득 찬다. 프로들은 부정적인 상상을 하지 말고 긍정적인 마음을 가져야 한다고 말한다. 그런데 이게 말처럼 쉽나?

타이거 우즈는 경기에 몰입하면 생각하기보다는 느끼게 된다고 한다. 주변과 코스를 다 빨아들이고 아무 생각도 안 나고 공을 어디로 어찌 보낼지 창의적인 상상력이 샘솟는다고 한다. 그때는 아무 생각도 안 들면서도 모든 것을 느끼고 흡수하는 완전 무아지경의 경지에 이르게 된다는 것이다. 역시 타이거구나 하는 감탄이 나온다. 어쨌든 멘털은 정말 중요하다. 타이거든 샤르마이든 미리 자신만의 마인드 컨트롤을 연습장에서 미리 연습해야 한다. 프리샷 루틴만 생각하며 집중하기도 하고 발가락의 감각이나 몸통의 날갯죽지뼈에만 신경을 쏟기도 한다. 자신을 페라리 자동차라고 생각하고 신나게 달리는 상상을 하기도 한다. 내가 내 몸에서 분리돼나와서 나를 바라보고 있다는 상상을 하라고 가르치는 프로도 있다.

많은 골프 구루(Guru)들의 공통적인 조언은 뭐니뭐니해도 긍정적인 마인드이다. 너무 허망한 얘기 같지만 그것만큼 중요한 것도 없다. 실제 긍정 마인드를 가지기 위한 방법은 작은 표현부터 시작하는 것이다. 어떤 상황이든지 어떤 말을 하든지 부정적인 단어조차 입에 올리지 않는 것이다. 예를 들어 "이렇게 하면 안 돼"보다는 "저렇게 하면 좀 더 낫겠지" 하고 말하는 것이다. 이는 골프뿐 아니라 일상에서도 스트레스를 관리하는 데 도움이 되는 기술이다. 뭐가 되었든 자신만이 방법을 찾아야 한다. 공을 앞에 놓고 느끼던 그 압박과 스트레스를 상상해가면서 자신만의 마인드 컨트롤 방법을 미리 연습해서 컨트롤할 수 있어야 한다. 마음의 평정을 찾는 자신만의 답을 찾아야 한다.

아마추어에게 입스(Yips)는 거의 없다

갑자기 잘 맞던 클럽이 전혀 딴데로 간다. 잠시 실수려니 생각하고 마음을 다잡고 다시 휘둘렀더니 다시 엉뚱한 데로 간다. 멘붕이 온다. 입스(Yips)는 대개 퍼터나 어프로치에서 오는 것으로 알려져 있으나 드라이버 등 큰 클럽을 잡을 때도 올 수 있다. 정신을 가다듬고 심호흡하라고 하지만 여러 신경과학적 연구들에 의하면 기질적인 문제일 수도 있다. 근육에 쥐가 나듯이 머리에도 쥐(Brain spasm)가 날 수 있다는 것이다. 온몸의 근육은 생각을 안 해도 한쪽이 작용해서 구부리게 되면 반대편 근육은 저절로 힘이 빠져야 한다. 이러한 싱크로나이즈가 되는 동작이 뇌에서 내려오는 신경신호가 꼬이면서 원활하게 움직이지 않게 되면 터무니 없는 동작이 나타날 수 있는 것이다. 퍼트의 달인인 어니엘스가 아주 가까운 거리에서 퍼트를 대여섯 번이나 실패한 사건이 회자되기도 한다.

아마추어는 이런 섬세한 근육의 미세한 부조화로 낭패를 보는 경우보다는 그냥 잘못 쳐서 황낭하게 공이 나가는 경우가 많다. 스윙 메카닉스가 문제지 몸이 문제가 아닌 경우가 대부분이다. 점차 실력도 늘고 타수도 낮아지다가 어느날 갑자기 예전 백돌이 시절로 돌아가는 경우가 있다. 마음을 다잡고 기도를 하고 명상을 해봐도 다시 허망한 미스샷이 나온다. 굿을 하거나 백일기도라도 하고 싶은 심정이다. 그래봐야 소용없다는 것을 알면서도.

아마추어에서는 스윙을 많이 고치고 좋아졌다고 해도 부족한 부분이 남아있게 마련이다. 잠시 숨을 죽이고 있다가 드디어 곪은 부위가 터져나오듯이 쏟아져 나오는 부분이다. 이럴 때는 혼자 해결하려 하지 말고 주변의 고수나 티칭 프로를 찾아야 한다. 자신의 스윙 비디오를 녹음해서 자신도 보고 도움을 받을 분에게 보여주자. 프로가 경험하는 현미경적 신경장애에 대해서는 아직 걱정하지 말자.

공은 정말 어디로 튈지 모른다

다시 얘기하지만 골프는 결코 안전한 운동이 아니다. 여러 번의 반복되는 스윙에 의한 손상 이외에도 여러 가지 부상이 발생할 수 있다. 예전에는 자치기 하다가 튕겨진 돌멩이에 눈을 맞아 실명하는 어이없는 일도 있었다. 굉장히 빠른 골프공에 눈을 맞게 되면 눈알의 압력이 갑자기 올라가 눈의 내부구조에 손상이 와서 실명이 될 수 있고 눈 주위를 감싸는 뼈가 부러지면서 눈을 움직이는 작은 근육이 뼈에 끼여서 눈을 못 움직이는 현상이 발생할 수도 있다. 야구공이나 축구공에 세게 맞아서 생기기도 하고 하키 스틱 같은 딱딱한 막대기를 사용하는 스포츠에서 발생 빈도가 높다.

골프도 역시 위험 리스트에서 빠지지 않는다. 자외선에 의한 손상을 막는 것 못지않게 선글래스를 껴야 하는 다른 중요한 이유 중의 하나가 갑작스럽게 공이 얼굴로 날아올 수 있는 상황을 대비하기 위해서다. 2018년 프랑스에서 열린 라이더 컵에서 브루스 캡카의 드라이버 샷이 한 여성의 눈을 맞아 실명이 걱정되는 심한 부상이 발생하였다. 프로들이 공이 원하는 방향으로 날아가지 않을 때 포어(fore, 앞)라고 외치는 이유 중에 하나가 앞에 있는 갤러리들이 부상당하지 않게 주의하라는 경고이다.

　골프공이 섕크(shank)가 나면 어디로 튈지 모른다. 심지어 뒤에 서있는데도 맞아서 부상을 입고 분쟁이 발생하기도 한다. 눈뿐만 아니라 광대뼈가 주저앉거나 턱뼈나 치아가 부서지기도 한다. 정강이 안쪽 앞쪽으로는 쿠션이 되는 근육 살점이 별로 없다. 이곳에 공이 제대로 맞아 뼈가 부러지기도 한다. 구둣발로 살짝 부딪쳐도 아픈데 공에 맞으면 오죽하겠는가? 정강이 뒤에 맞아 아킬레스 건이 끊어지기도 한다. 직접 가격당해서는 잘 끊어지지 않지만 맞고 아파서 갑자기 펄쩍 뛰다가 아킬레스에 갑작스러운 힘이 가해지면 허무하게 끊어져버릴 수도 있다. 미리미리 조심해서 이러한 불상사를 줄여야 한다. 공은 어디로 튈지 아무도 모른다.

카트는 길 따라 다니지 않는다

동남아시아 국가들에 골프 여행을 가보면 카트가 페어웨이나 기타 공이 가는데 아무 데나 다 갈 수 있다. 미국도 골퍼들이 알아서 막 몰고 다니기도 한다. 우리나라처럼 캐디만 조심스럽게 카트를 모는 경우는 사고가 적을 수 있다. 미국의 경우에는 카트 사고가 상당히 많고 중환자실 신세를 지는 경우까지 있다. 카트에도 안전벨트를 달자거나 좌석마다 브레이크를 설치하자는 주장이 꾸준히 나오기도 한다. 미국 통계에 의하면 카트 사고로 중환자실 신세를 지는 사람도 많고 특히 아이들의 부상이 심각한 문제가 되기도 한다.

우리나라에선 카트를 캐디 이외에 만지지 못하게 하는 골프장이 많다. 그래서 비교적 카트 사고가 적을 것으로 생각되나 험산 산악지형이 많아 매우 조심해야 한다. 우리나라 응급실이나 진료실에는 간혹 음주 후 부주의로 카트에서 굴러떨어져 팔을 다친 환자나 내리막길에서 카트가 전복돼서 다리가 부러진 환자 등이 드물지 않게 보고된다. 카트가 저속으로 간다고 우습게 알아서는 안 된다.

왜 프로처럼 스윙하면 몸을 다칠까?
: 부상 없이 타수 줄이는 골프 처방전

초판 1쇄 발행 / 2020년 06월 22일

지은이 / 김웅수
브랜드 / 각광

펴낸이 / 김일희
펴낸곳 / 스포트라잇북

제2014-000086호 (2013년 12월 05일)

주소 / 서울특별시 영등포구 도림로 464, 1-1201 (우)07296
전화 / 070-4202-9369 팩스 / 02-6442-9369
이메일 / spotlightbook@gmail.com
주문처 / 신한전문서적 031-919-9851

책값은 뒤표지에 있습니다.
잘못된 책은 구입한 곳에서 바꾸어 드립니다.

Copyright ⓒ 김웅수, 2020, Printed in Korea.
저작권법에 의해 보호 받는 저작물이므로 무단전재와 복제를 금합니다.

ISBN 979-11-87431-20-6 13510

각광은 스포트라잇북의 브랜드입니다.

www.gmsaeum.com

Tel. 1661-6888

이 책을 읽으시는
모든 골퍼 여러분의
건강과 **승리**를 기원합니다